Das Gold dieser Welt

...bist DU

AF219403

Das Gold dieser Welt
                    ...bist DU


Wir leben in einer Zeit der Informationsflut. Dies

kann einerseits eine Bereicherung sein, andererseits aber

auch zum Gegenteil führen. Die Verantwortung für das

eigene Leben, können wir nicht abgeben. Es möchte

von uns gelebt werden. Der Erfahrungsschatz aus

erster Hand, ist durch nichts zu ersetzen.

Kritische Entscheidungen, mit einer Hinwendung zum

Guten verbinden unsere positiven, inneren Absichten

mit unserem Herzen.

Bibliografische Information der Deutschen National-
Bibliothek: Die Deutsche Nationalbibliothek verzeichnet
diese Publikation in der Deutschen Nationalbibliografie;
detaillierte bibliografische Daten sind im Internet über
dnb.dnb.de abrufbar.

© 2021 Heidi Höck
Herstellung und Verlag:
BoD – Books on Demand, Norderstedt

ISBN: 978-3-7557-7773-1

# Inhaltsverzeichnis

Inhaltsverzeichnis

# Inhaltsverzeichnis

Das Gold dieser Welt

       … bist DU

„Alles Sichtbare grenzt ans Unsichtbare,

alles Hörbare ans Unhörbare,

alles Fassbare ans Unfassbare,

und vielleicht alles Denkbare ans Undenkbare."

Lama Anagarka Govinda

Vorwort:

Die Welt, mit all ihren Möglichkeiten, ist wie ein großer Markt. Ich kann mir aus der Fülle der zahlreichen Angebote, die für mich passenden materiellen Güter oder Wege aussuchen. Nicht jeder hat hierbei ein „glückliches Händchen". Einige Griffe erweisen sich im Nachhinein als Fehlgriffe. Wir müssen die Konsequenzen unserer Fehlentscheidungen dann tragen.

Die komplexeren Zusammenhänge von vermeintlichen Irrwegen werden uns oft klar, wenn wir uns besinnen und einen Gang herunterschalten. Scheinbar farbloses kann sich für uns als ein Rettungsanker entpuppen. Gute, kritische Entscheidungen haben mit unserer inneren Einstellung zu tun. Unser Weltbild ist abhängig von dem was wir denken. Unsere Denkprogramme werden oft von einem dominanten Verstand gesteuert. Unbewusste Glaubenssätze blockieren dann unser Vorwärtskommen.

Spätestens jetzt steigt das Interesse, sich mit dem eigenen Innenleben auseinander zu setzen. Ein Zitat von Arnold Zweig besagt:

„Solange man lebt, ist nichts endgültig."

Daran schließe ich an, und ich möchte alle ermutigen, auf die eigene Gralssuche zu gehen, um über uns hinauszuwachsen.

Entdecke deine schlummernden Talente, die, facetten-reich vorhanden, darauf warten, von dir gelebt zu werden. Die befreiten Lebensenergien, die durch unterdrückte Gefühle und Emotionen des ungenügend sein, ungeliebt sein, oder sich minderwertig fühlen, an die Oberfläche kommen, helfen, unser Potential zu entfalten.

Unsere Weiterentwicklung wird so manch Geheimnis entlarven. Die Attribute unserer Selbsterkenntnis werden verschlossene Tore öffnen. Über die astrologischen Zusammenhänge von unserem Selbstbild und dem Niveau unserer Geburtssonne, zeigen sich uns wertvolle Erkenntnisse. Die Zeitqualität sollte bei unseren gestarteten Vorhaben gut gewählt sein. Eine astrologisch gute Zeit wirkt sich günstig auf die Projekte aus.

Diese Bemühungen, die den Schatz der zu erwartenden Gemütsruhe präsentieren, werden uns reich belohnen. Dieses Gold behält allezeit seinen Wert.

Weißt du, wer du bist?

In meinem ersten Buch mit dem Titel „Fühl mal hin…Wie viel Spiritualität tut dir gut?", war es mein tiefstes Anliegen, dass der Leser neugierig wird, auf die eigene Individualität. Nicht nur um ein echtes Interesse zu erwecken, sondern vorwiegend, um sich auf die Reise ins eigene Innere zu begeben. Dieses Abenteuer wird dich nicht mehr loslassen.

Erkenne dich selbst, ist eines der wichtigsten Ziele im eigenen Wachstumsprozess, und trägt dadurch auch zu einer besseren Gesundheit bei. Du kannst eine tiefe innere Glückseligkeit erfahren, und die sorgenvollen Tage voll Kummer und Trauer lassen dich nicht mehr verzweifeln. Der innewohnende Friede, der so begehrt, und doch so oft fälschlicherweise im Außen gesucht wird, kann dich erreichen.

Die Verlockung angepriesener Ziele, getarnt durch Konsum, Titel, Leistungsstreben, Anerkennung, Pokale und vielem mehr, lauert allerorts auf uns. Gegen ein gesundes Vorwärtskommen im Leben gibt es nichts einzuwenden.
Nur bleibt bei so manchem der ersehnte Höhenflug aus. Wenn es ganz schiefläuft, ist der nächste Absturz bereits in Sichtweite. Einige Personen treten sogar auf der Stelle, oder sie versinken durch aufgestautes Frustdenken in Süchten.

Diese zu bedienen ist in der heutigen Luxusgesellschaft einfach geworden. Süchte gibt es in allen Lebensbereichen, und so manch einer, erkennt sein Problem nicht, oder zu spät. Es wird einem ja auch nicht leicht gemacht. Wer fragt schon danach, wer man ist? Der Fokus der überwiegenden Mehrheit möchte wissen, was man hat, oder wie man noch mehr bekommt.

Ich, konnte mir im jahrelangen Selbststudium, viele, sich über die Zeit angesammelten, Fragen zu meiner Identität selbst beantworten. Mein Einstieg ins Spirituelle begann im Jugendalter. Zuerst tastete ich mich über esoterische Bücher an dieses Thema heran. Welche Auswirkungen es einmal für mich haben würde, ahnte ich nicht. Zur damaligen Zeit konnte ich dieses tiefe Interesse noch nicht einmal in Worte fassen. Ich bin zwar religiös erzogen, aber meine heutige Gesinnung hat mit meinen einstigen Anfängen nichts mehr zu tun.

Die Lebensschule der Erfahrungen aus "erster Hand" hat mich geformt. Eine große Neugierde trieb mich damals selbst voran. Mit diesen Worten gehe ich noch sehr sanft mit mir um. Mein Wissensdurst war oft übermächtig.

Man könnte fast sagen, ich wurde zu einem Erkenntnisjäger. Wenn mir eine Zeit lang keine Aha-Momente zu meiner eigenen Person in Wort oder Schrift begegneten, protestierte ein winziger Anteil meiner Selbst.

Das ist heute nicht mehr so stark ausgeprägt, denn wir durchlaufen unterschiedliche Lernphasen des Lebens. Wie und wann, etwas mehr Klarheit zu uns kommt, liegt nicht in unserer Macht. Wir können uns nur so gut es geht bemühen. Durch eigene Recherchen wusste ich bald auch, warum gerade meine Persönlichkeit so nach Wissen durstet.

Ich werde in diesem Buch noch genauer darauf eingehen. Mit meinem Erstlingswerk wollte ich vermitteln, dass eine gute Portion „Spirit" uns dabei helfen kann, erfolgsversprechende Entscheidungen für unser Leben zu treffen.

Mit diesem Buch möchte ich daran anknüpfen, und noch tiefer in dieses Thema einsteigen. Eine Verbundenheit zu den uns allezeit umgebenden Kräften kann sich magisch auf unser Dasein auswirken. Sehr skeptische Artgenossen erwarten bei solchen Ankündigungen gleich spektakuläre Ergebnisse. Aber so funktioniert es schon mal nicht.

Geduld ist eine Tugend. Wer sich mit den philosophischen Themen bereits auseinandergesetzt hat, der weiß, dass jeder Schüler nur durch Ausdauer zu guten Ergebnissen kommt. Ja, wir sind alle Lernende des Planeten Erde. Jeder Einzelne verfolgt hier ein etwas anderes Ziel.

Wir sind mit unterschiedlichen Energiemischungen ausgestattet. Man könnte auch Frequenzen dazu sagen. Als meine Selbstentdeckungsreise anfing, las ich, in einem Buch der Numerologie, dass es unterschiedliche Prioritätsstufen von Zahlenenergien gibt. Jede Zahl vertritt ein energetisches Spektrum.

Die Numerologie ist eine alte Weisheitslehre. Genauer gesagt, erfuhr ich, durch das Lesen des Buches, dass einige Menschen, durch ihre Zahlenqualitäten (Energien) in Abiturienten Klassen sitzen, wohingegen andere, durch ihre mitgebrachten Talente, sogar ein Studium absolvieren.

In der Numerologie benennt man herausragende Lebenslektionen mit Meisterzahlen. Ohne es zu wissen, kann man sich gerade in einem Meisterjahr befinden. Diese hochfrequenten Zahlen (Energieschwingungen) verfolgen unterschiedliche Richtungen.

Es sind Doppelzahlen wie 11, 22, 33, 44 und höher. Wir finden diese Zahlenenergien im Geburtsdatum, Namen, Hausnummern, Lebenszahlen, Telefonnummern, Autokennzeichen oder Jahreszahlen. Jede einstellige Zahl vertritt einen Planeten des kosmischen Systems. Dabei wirkt jede Zahlenfrequenz für sich. Zahlenkombinationen werden auf eine einstellige Zahl reduziert. Zweistellige Zahlen können durch zwei Planeten vertreten sein, die sich auch gegenseitig behindern können.

Ein Selbstlaut, wie der Buchstabe A, steht für die Energieschwingung der Zahl eins. Diese Zahl wird von der Planetenkraft der Sonne aktiviert. Die Sonne steht für das Männliche. Das zugehörige Element der Sonne ist das Feuer. Gesund gelebt kann das Feuerelement hervorragende Leistungen für uns hervorbringen.

Wenn ich mich bezüglich dieses genannten Themas in einer Unwissenheit befinde, und sehr viel Sonnenenergie habe, kann ein Energieverlust drohen.

Ich, habe hier nur einige wenige Beispiele aufgezählt. Wenn wir uns für diese alten Weisheitslehren öffnen, fangen wir an, uns, und die uns umgebende Welt mit anderen Augen zu sehen, und zu verstehen. Wer erfahren möchte, welche Zahlen (Energiequalitäten) in seinem Leben bestimmend sind, kann im heutigen Zeitalter der Information in der Numerologie umfassend fündig werden.

Eine gute Erdung vereint unsere Kräfte:

Wie kann ich es schaffen, gut geerdet und doch angebunden an etwas Höherem, meinen einzigartigen Lebensweg zu beschreiten? Hier gibt es sicherlich viele Wege, die zu dem Ziel führen. Ich möchte hier Anregungen und Inspirationen geben. Letztendlich muss das Angeratene in das eigene Leben passen. Grundsätzlich ist alles, was wir erfahren, von unserer inneren Einstellung abhängig. Unser geistiges Niveau ist hierbei wegführend.

Wenn wir mit einem gesunden Gedankengut ausgestattet sind, und die aufkommenden Herausforderungen wohlwollend, und in Demut betrachten, kann ein spiritueller Funken unser Kompass und Begleiter sein.

Eine gute Erdung zu beschreiben ist gar nicht so einfach. Es fällt uns doch meist erst dann auf, dass etwas nicht stimmt, wenn es zu spät ist. Ist unsere Zeit durch zu viele Termine begrenzt, fangen wir an, uns zu verbiegen, um alles noch unter einen Hut zu bekommen. Das Wort Erdung verbinden wir oft mit einer Bodenständigkeit. Wenn man mit beiden Beinen fest im Leben steht, scheint es für Außenstehende perfekt zu sein.

Wie es hinter so mancher Maske aussieht, erfahren wir selten. Diese sehr persönlichen Dinge halten viele eher zurück. Ich persönlich glaube, dass ein intaktes Umfeld, eine liebevolle Familienzusammengehörigkeit, ehrliche Beziehungen, und erfüllende Aufgaben uns tief mit uns selbst in Kontakt bringen.

Der direkte Kontakt zu uns selbst ist für weitreichende, gute Entscheidungen notwendig. Ein gewisses Urvertrauen ins Leben, und alles was damit zusammenhängt, unterstützt unser Gefühl bei neu angesteuerten Projekten.

Es gibt sehr viele Erdungsübungen, die uns kurzfristig wieder zu uns führen können.

Eine gute und nützliche Übung wäre eine Baummeditation, in der wir unsere Wurzeln, im Geiste, tief in die Erde wachsen lassen, um uns zu verankern. Wir stellen uns weiter vor, dass unsere Baumkrone, bestehend aus unzähligen Zweigen und Ästen, in alle Himmelsrichtungen wächst und sich ausdehnt.

Diese Visualisierungsübungen sollen symbolisieren, dass wir unsere Potentiale entfalten, ohne uns durch aufkommende starke Winde aus unserer Bodenverankerung reißen zu lassen. Die Baumwurzeln verdeutlichen unsere Absicht, dass wir mit aller Kraft Altes durchbrechen, und Ablenkungen beiseiteschieben.

Wir animieren sozusagen unseren Geist, die bisherigen Grenzen zu erweitern, damit wir wachsen können. Diese Übung hat eine sehr starke mentale Kraft. Ich kann diese Visualisierung so oft machen, wie ich es brauche. Ein entspanntes Umfeld wäre hierbei von Nutzen. Da diese Arbeit von geistiger Natur ist, braucht die Ausführung kaum Platz.

Wenn wir etwas Zeit finden, können wir uns einen ruhigen Moment der Stille gönnen, um im grünen Gras, mit nackten Füßen, den reinen Bodenkontakt aufzunehmen. Dieses entschleunigt und bringt unsere ständige Kopflastigkeit zum Erliegen. Die Naturkräfte bieten immer eine gute Möglichkeit des Auftankens.

Weitere Erdungsaktivitäten finden wir in Tätigkeiten, die handwerkliches Geschick benötigen, ebenso wie Aufgaben, die unsere volle Konzentration erfordern. Ein praktisches Betätigungsfeld beruhigt den Kopf.

Durch sportliche Aktivitäten entlasten wir deutlich unser Nervensystem. Sport wirkt hier wie ein Filter, der die körperliche Ebene bewegt und dehnt. Bewegung kann eine gute Unterstützung bei der Entgiftung unserer biochemischen, körperlichen Vorgänge sein. Außerdem weiß ein jeder, dass guter Sport in Maßen, unseren Kopf befreit und somit zu einer angenehmen Erdung führt.

Um unseren Fokus der Aufmerksamkeit auf den gegenwärtigen Moment zu lenken, ist die folgende Übung zu empfehlen:

Wir suchen uns einen kleinen Gegenstand, z. B. eine Nuss, um unseren Geist auf dieses Objekt zu fixieren. Unsere Gedanken dürfen hierbei nicht abschweifen. Die gesamte Konzentration richtet sich auf diesen kleinen Gegenstand. Jedes noch so kleine Detail wird von uns erkannt. Eine Unebenheit entdeckt und registriert. Erst nach einer ganzen Weile wenden wir uns wieder ab.

Durch all diese Aufmerksamkeitsübungen können wir lernen, unseren Geist zu kontrollieren. Gelingt es uns, können wir anfangen, der Wächter für unsere eigenen Gedanken zu werden.

Eine Innere Mitte hilft uns, unser Potential zu finden:

Aus der Mitte heraus leben, klingt so schön. Aber wie ist das mit der Familie, Partner/in, Freunden, Beruf, Freizeit und mit dem Alltag zu vereinbaren? Jeder kennt sicherlich den Moment im Leben, an dem wir merken, dass es gerade nicht so gut läuft. Wenn unser Dasein in eine Schieflage geraten ist, spüren wir es manchmal ziemlich deutlich, dass irgendetwas nicht mit uns stimmt.

Vielleicht fühlen wir uns ständig müde und schlapp. Die gesamte Energie des Tages ist schon am Vormittag verbraucht. Der Beruf erfüllt uns nicht, oder aber nicht mehr. Vielleicht sind wir nicht mehr in der Lage, unser Leben selbst zu bestimmen und wir bekommen das Gefühl, vom Leben gelebt zu werden.

Wir arbeiten nur noch, um dadurch eine finanzielle Sicherheit zu haben, um die anfallenden Rechnungen zu bezahlen. Wir fühlen uns wie abgestumpft. Unser Lebensgefühl wird träge, und wir sind weit entfernt von einer frischen Lebendigkeit. Erst wenn wir dies bemerken, fragen wir uns, was falsch läuft.

Wir denken angestrengt nach, was wir ändern könnten. Unser Hirn versucht in einer Endlosschleife gute Informationen zu bekommen, um einen Ausweg zu finden. In diesen Situationen befand ich mich auch schon oft und habe dann meine Spiritualität mit zu Rate gezogen. Ich habe mich meiner Wurzeln besonnen, und mich darauf verlassen, dass es eine höhere Intelligenz gibt, die mich anleiten wird.

Da wir immer dann unsere innere Mitte vermissen, wenn Körper, Seele und Geist nicht in Einklang miteinander sind, liegt hier auch der Schlüssel verborgen. Ich will es mal anders ausdrücken. Ich habe festgestellt, dass jeder Mensch über eine innere, wissende Instanz verfügt, die sich meldet, um den Kurs des Lebens neu zu überdenken. Ich erkläre es mir so, dass, der in jedem innewohnende Lebensfunken, erwacht, und uns seine Unlust am derzeitigen Dasein bekundet. Vermutlich haben wir uns unbemerkt selbst in irgendeiner Weise blockiert.

Vielleicht jagen wir mit einer hohen Geschwindigkeit von Termin zu Termin, und unsere Seele kommt einfach nicht hinterher. Wenn wir zu dieser leisen, alles überschauenden Stimme, eine gute Verbindung haben, fällt es uns leicht, hinzuhören. Wenn wir aber noch am Lebensanfang stehen, und noch nicht so viele Erfahrungen sammeln konnten, ist so manch Irrweg vorprogrammiert.

Diese Umwege sind aber auch Wege, daher kann man durchaus daraus lernen. Auf jeden Fall ist es ratsam, die Geschwindigkeit unseres Lebens zu drosseln. Ein verlangsamtes Tempo bringt unsere Gemütsruhe zurück. Die miterlebenden Seelenanteile können aus den chaotischen, krankhaften Strukturen herauskommen, und zu einem harmonischen Geflecht verschmelzen.

Wenn wir uns eine Auszeit nehmen, um in uns hineinzuhorchen, dann ist das oft schon der erste Schritt in eine verändernde Richtung. Sollte mir mein derzeitiger Beruf zwar noch Spaß machen, aber dazugehörige Tätigkeiten nicht mehr ihren Sinn erfüllen, könnten wir uns überlegen, dies durch gute Ideen zu verändern.

Wenn es eine berufliche Neuorientierung ist, dann dürfen wir uns nicht von unserer Angst beeinflussen lassen. Diese schränkt uns ein, damit wir in der bequemen alten Situation verweilen. Nicht um uns zu ärgern. Unser denkender Verstand sucht immer nach Sicherheit.

Diese Angstenergie, die uns vermitteln möchte, vorsichtig zu sein, hat archaische Hintergründe. Dieses Thema der Angst wird in einem folgenden Kapitel genauer besprochen. Bei einer Umorientierung überlege ich mir dann genau, ob ich es mir selbst zutraue, einen Neuanfang zu starten. Genauer gesagt, ob ich über genügend Disziplin, Motivation, Anpassungsfähigkeit, Ehrgeiz, Tatkraft und Hingabe verfüge, um das Neue begrüßen zu können.

Sollten wir an uns selbst zweifeln, ist es gut, dieses einmal genauer zu hinterfragen. Woher kommt dieses Muster? Wann haben unsere Zweifel angefangen? Hier kann man die zugrundeliegenden Glaubenssätze einmal genauer betrachten. Das vorherrschende Gedankenmuster bestimmt immer unseren Lebenskurs. Ich finde in diesem Zusammenhang, die Worte, „denke groß" sehr hilfreich.

Unser Geist ist unendlich mächtig, und wenn wir ihm einen Impuls in die wegweisende Richtung geben, dann können schon mal kleine Wunder geschehen.

Kommt unsere Unzufriedenheit aber eher aus dem familiären Umfeld, dann sollten wir uns nicht scheuen, für Klarheit zu sorgen. Ich habe festgestellt, dass die Wahrheit anfangs immer etwas lähmend ist. Nach einiger Zeit aber fühlt es sich wieder besser an. Natürlich müssen wir bei einer Aussprache die richtigen Worte wählen. Ein gesprochenes Bewusstsein beinhaltet, dass ich mir über die Tragweite meiner Worte auch ganz bewusst bin.

Es ist oft hilfreich, sich einem Menschen zu öffnen, um eventuell aufgestauten Frust zu befreien. Alles, was wir im wahrsten Sinne des Wortes schlucken, bleibt auch auf der Körperebene als negative Emotion angehaftet. Jede Anhaftung macht sich auf der Zellebene bemerkbar. Es kann zu Verspannungen kommen. Diese wirken auf jede einzelne Zelle ein. Wenn wir zu unserem innersten Wesenskern stehen, können sich Lösungen ergeben, die uns wieder in unseren Ausgleich bringen.

Mir hat bei einigen Problemen eine Rückbesinnung auf die Einfachheit gut geholfen. Die Lösungsschritte, die ich für mich erarbeitet habe, haben immer mit einbezogen, dass ich, um mich wirklich zu verändern, etwas Blockierendes loslassen muss. Auch dann, wenn sich danach mein Einkommen erheblich verringerte. Ich stellte mir dann die Frage, was ich tatsächlich zum Überleben brauche.

Die elementaren Bedürfnisse wie Essen, Schlafen, eine Unterkunft und angenehme Kontakte sind unersetzlich. Meine Erfahrungen zeigten mir schon sehr früh, dass die Kraft der Einfachheit eine ganz besondere, unerklärbare, positive Wirkung hat.

Wer sich auf die elementaren Dinge des Lebens beschränken kann, genießt jede aufkommende Besonderheit in vollen Zügen. Die kleinen Dinge im Leben beinhalten einen Zauber, der im Detail eine winzige Glückseligkeit versteckt hält.

Wenn mir klar wird, dass ein Rückschritt im Leben notwendig ist, dann heißt das ebenfalls, dass ich mit kleinen Schritten auf einem neuen Weg bin. Dann kann es natürlich vorkommen, dass unsere Geduld und Ausdauer für einige Zeit auf die Probe gestellt werden. Hier heißt es dann: Durchhalten!

Damit in solchen Zeiten meine Gedanken nicht zu laut werden, habe ich mich oft mit Sport abgelenkt. Wenn man dann abends ausgepowert ins Bett fällt, stehen die Chancen gut, am nächsten Morgen mit einem erneuten Tatendrang wieder aufzuwachen. Oft fielen mir dann wieder unterstützende, neue Ideen ein, um schneller zu einem guten Ergebnis zu kommen. Das liegt vermutlich daran, dass zu viel Grübeln den Verstand ermüdet.

Kaum lasse ich die lästigen Gedankenschleifen los, erholt sich unser Nervensystem wieder und ordnet die vorherigen Informationen in die dafür vorgesehenen Gehirnstrukturen ein. Danach ist für unser Gehirn ein neuer Ideenreichtum sehr viel wahrscheinlicher. Ein geordneter Geist leistet gute Arbeit.

Um die Kopftätigkeit zu entlasten, kann man sich mit Atemtechniken beschäftigen. Wenn sich meine ganze Aufmerksamkeit auf das Atmen konzentriert, dann steht unser Gedankenkarussell für einige Zeit still. Unser Atemrhythmus birgt eine unermessliche Quelle an Lebenskapazität.

Es gilt als erwiesen, dass unser System Mensch keine zwei gleichwertig identischen Vorgänge im selben Moment ausführen kann. Die absolute Konzentration auf jeden einzelnen Ein- und Ausatemzug lässt unsere lästigen, permanenten Gedankengänge verstummen. Für einen kleinen Zeitraum rutscht das Denken in den Hintergrund. Wenn ich es zulassen kann, dann eröffnet sich mir ein Raum mit einer friedlichen, unbeschreiblichen Stille.

Hier kann ich einfach nur „SEIN". Niemand erwartet in diesem grenzenlosen Raum etwas von mir.

Du bist nicht dein Verstand:

Die meisten Menschen glauben, dass sie mit einem rational denkenden Verstand Schritt für Schritt an ihr gewünschtes Ziel kommen. Ich musste lernen, dass unser Verstand gerne eine sehr dominante Stellung einnimmt. Unser Verstand meint es hiermit natürlich sehr gut mit uns. Man muss hierzu wissen, dass er nur alles Negative aus unserem Leben fernhalten möchte. Mehr noch. Er möchte jegliche Gefahr schon im Kern ersticken.

Das ist ja an sich nichts Schlechtes. Wenn wir allerdings durch permanenten Stress nur auf unser Gedanken Karussell zurückgeworfen werden, rücken die Quellen der weiteren Kräfte, die Intuition und das Bauchgefühl, nach hinten. Wir rutschen aus der Rolle des eigenen Beobachters und funktionieren wie in einem Hamsterrad.

Sind wir hier erst einmal gefangen, braucht es viel Anstrengung und Mut, über eine Wegegabelung auszusteigen. Einige wenige schaffen dies aus eigener Kraft. Bei der Mehrheit muss erst der Körper rebellieren.

Unser Körperbarometer merkt schnell, dass die innere Harmonie leidet, und das Steuerrad des Lebens einen geeigneteren Kurs einschlagen muss. In unseren jungen Jahren erforschen wir mit viel Enthusiasmus all die Möglichkeiten dieser Welt. Erst wenn wir älter sind, bemerken wir, dass so manch eingeschlagener Weg nicht die erwartete Erfüllung brachte.

Den oft illusionären, und so verlockenden Vorhaben, stehen, ein sich Aufreiben, und ein kräftezehrendes Dasein gegenüber. In stillen kostbaren Momenten schimmert etwas durch, das Neues für uns erahnen lässt, und wir durchschauen das Spiel für einen kurzen Augenblick.

Wenn wir aus unserem Blindflug aufwachen, merken wir, dass es doch die kleinen scheinbar glanzlosen Dinge sind, die das Leben wertvoll machen. Der lang ersehnte Anruf eines lieben Menschen, oder die selbstlose Hilfestellung eines Nachbarn, der unsere Not erkennt, und Hilfe anbietet. In diesem Augenblick findet eine tiefe Glückseligkeit einen Zugang zu unserem Herzen.

Alles, was wir bis dato erlebt haben, speichert unsere Festplatte im Gehirn. Die Körperzellen wirken wie ein Archiv. Genau darum geht es! Eventualitäten oder glückliche Zufälle haben hier keinen Platz. Unser Hirn beschäftigt sich unentwegt damit, die Kontrolle über alle Geschehnisse zu behalten.

Wenn dies tatsächlich möglich wäre, hätten wir ein sehr langweiliges Dasein. In Wirklichkeit hat sicher jeder von uns bereits feststellen können, dass, ein sich auf die gegenwärtige Situation einlassen, oft die Lösung in sich birgt.

Unsere Kopflastigkeit der heutigen Zeit bringt uns manchmal sogar eher von unserem Ziel ab. Im ständigen Gedankenlabyrinth gefangen, konzentrieren wir uns nicht auf die Möglichkeiten des Momentes. Dabei wollen wir es doch so sehr. Dies führt aber dazu, dass unser Kopf permanent angeschaltet ist. Wir neigen dazu, die Situation zu zerdenken, anstatt intuitiv mit dem Ergebnis in Einklang zu gehen, um das Bestmögliche zu erreichen.

In unserer Generation gibt es zahlreiche Denker. Aber bedeutet das gleichsam zahlreiche kluge Köpfe? Das darf jeder für sich selbst beantworten. „Schmunzel".

Die Intelligenz, die in der heutigen Zeit so hoch bewertet wird, kann auf mehreren Ebenen verstanden werden. Die intuitive Intelligenz bekommt hierbei den ersten Platz. Was nützt mir die Fähigkeit, ein Studium zu absolvieren, weil in mir, oder meinen familiären Strukturen, ein permanentes Leistungsdenken vorherrscht, ich aber meine eigentlichen Neigungen verleugne. Früher oder später wird mir dies doch bewusst. Um durch und durch lebendig zu bleiben, müssen wir uns tief mit unserem Tun verbinden können.

Den zweiten Platz nimmt die emotionale Intelligenz ein. Wenn ich nur an mich denke, und meinem Egoismus freien Lauf lasse, wird mich das von meinen Mitmenschen abgrenzen. Liebe und Sympathie werden mir fehlen. Sollte es dennoch freundliche Menschen um mich herum geben, wird die Frage laut, ob sie es „meiner selbst wegen" tun. Ein mitfühlendes Verständnis, auch in schwierigen Situationen, öffnet unser Herz.

Den dritten Platz besetzt die Verstandesebene. Ihre analytischen und konstruktiven Ansätze sind unverzichtbar. Unser Wesenskern benötigt alle drei Ebenen, um die passenden Schlüssel zur Bewusstwerdung zu erhalten. Alle von mir gesteckten Ziele sind abhängig von einer guten Persönlichkeitsentfaltung.

Unsere Urteilsfunktionen und das Gefühl:

Die Autobiografie des berühmten Psychoanalytikers Carl Gustav Jung hat erstaunliche Erkenntnisse an die Oberfläche gebracht. Er hat in seiner „Jungschen Psychologie" tiefe Erfahrungen machen können. Hierbei analysierte er die Psyche seiner kranken Patienten. Er war wirklich ein Genie seiner Zeit. Sigmund Freud, ein berühmter engagierter Arzt, galt als einer seiner vertrautesten Kollegen.

Herr Jung erforschte das Innenleben der Menschen. Diesem großen Wissensgebiet widmete er einen Großteil seiner Arbeit. Er fand heraus, dass jeder Mensch in seinem Bewusstsein unterschiedliche Urteilsfunktionen angelegt hat.

Während bei einigen Personen die Funktion „Denken" überbetont agiert, ist sie dagegen bei anderen weniger stark ausgeprägt. Die weiteren urteilenden Funktionen sind das Fühlen, das Empfinden, und die Intuition. Er prägte den Begriff „der Archetypen". C.G. Jung machte sich nicht viel aus Äußerlichkeiten. Er selbst schrieb, dass erworbene Titel und Auszeichnungen ihn nie wirklich interessierten. Die Komplexität der menschlichen Psyche faszinierte ihn.

Sein Forschungsgeist galt den unbewusst ablaufenden, meist krankhaft veränderten Prozessen der Hirnsphären. Er vermutete, dass so etwas wie ein „Lebensplan" auf einer kollektiven, aber verbindenden Ebene auf jeden einzelnen Menschen einwirkt.

Da dies nicht den bewussten Hirnarealen zugängig ist, bemerken wir diese Einwirkungen nicht. Wenn wir uns selbst also besser kennen lernen, verstehen wir unsere inneren Einwände bei so manch logisch getroffener Entscheidung. So unterschiedlich, wie unsere mitgebrachten Potentiale verteilt sind, so steht es auch mit dem Urteilsvermögen. Wenn wir dann unsere Anlagen mit den vorhandenen Talenten kombinieren, sind durchaus hervorragende Ergebnisse möglich.

Das gute Gefühl kann uns täuschen, aber nur mit dem Kopf getroffene Herangehensweisen sorgen ebenfalls schnell für ein ungutes Bauchgefühl. Unser Bauchhirn ist weit intelligenter als wir glauben. Naturwissenschaftler haben entdeckt, dass wir im Bauchraum sogar mehr Nervenzellen besitzen als im Gehirn.

Im Laufe der Zeit hat sich der kontrollierende Verstand bewährt. Die Ebene des Fühlens musste in den Hintergrund treten. Unsere Eltern und Großeltern mussten durch schwierige Zeitepochen. Hier stand das Überleben oft an erster Stelle. So konnte sich eine Dominanz des denkenden Verstandes gut durchsetzen. In Situationen, in denen die Befriedigung der elementarsten Bedürfnisse lebensnotwendig ist, verschwenden wir keine Energie. Unser „Autopilot" schaltet auf Funktionieren. Das ist mehr als verständlich. In der Not schaltet unser Körper alle Alarmzeichen an.

Erst nachdem das Leben uns wieder freundlich gegenübertritt, können die angeschalteten Sicherheitsprogramme langsam deaktiviert werden. Unsere psychische Grundhaltung wird von übergeordneten Hirnarealen über unser vegetatives Nervensystem gesteuert. Geschehen nun mehrere unvorhersehbare, aufeinander folgende Ereignisse negativen Charakters, rutschen wir automatisch in Schutzprogramme.

Hier kann es dann sogar zu psychischen Störungen kommen. Tatsächlich bilden unsere Hirnstrukturen erst dann wieder Areale einer Wohlfühlzone, wenn im Außen die Gefahr gebannt ist. Erst dann, wenn der Mensch sich wieder sicher und geborgen fühlt. Bei einigen Personen dauert dies Jahre und braucht professionelle Unterstützung.

Die Gewichtung der Gefahrenbereiche hat sich heute deutlich verändert. In Ausnahmefällen bestehen diese lebensbedrohlichen Umstände auch hierzulande noch. Aber in den meisten Fällen besteht eine gute Grundsicherung.

Zur heutigen Zeit schlagen sich die Leute eher mit Luxusproblemen herum. Hier hat sich eine selbstzerstörerische Mentalität entwickelt. In unserer Leistungsgesellschaft, getrieben von den eigenen Bedürfnissen, macht sich bei einer größeren Menge die Unzulänglichkeit breit. Sobald das vorher Angestrebte erreicht wurde, geht es ohne Pause weiter.

Wie in einen Sog gezogen bleibt die Gefühlsebene dabei oft auf der Strecke. Wir nehmen uns nicht die nötige Zeit, das Erreichte gebührend zu feiern. Unser Lebensstandard in Deutschland ist eher anspruchsvoll als bescheiden. Es gibt viele Länder, in denen eine ganz andere Mentalität zugrunde liegt.

In Ländern mit niedrigem Lebensstandard werden auch mal die kleinen Erfolge zelebriert. Diese Menschen wissen, dass die schönen Momente kostbar und vergänglich sind. Sie leben im Jetzt. Getreu dem Motto „Bevor uns das Morgen einholt, wird im Heute die Zeit genossen und ausgekostet".

Unsere Glaubenssätze spiegeln unser Weltbild:

Vielleicht wäre es sinnvoll, mal zu hinterfragen, was uns eigentlich zu immer mehr Leistung antreibt. Ist es unser ureigenes Ich, oder sind es angesammelte Glaubenssätze oder Muster aus unserem Familiensystem. Vielleicht hatten wir einen sehr strebsamen Vater, oder eine überfleißige Mutter.

Die Großeltern könnten hier auch eine große Rolle spielen. Einige familiär übernommene Themen überspringen oft eine Generation. Mir ist in Aufstellungen öfter begegnet, dass die Enkelkinder sich sehr tief mit Charaktereigenschaften der Großeltern verbunden fühlten. Diese unbewusste Ebene wird durch eine Geburt automatisch berührt.

Der Begriff Perfektionismus ist mir dabei in meiner therapeutischen Tätigkeit oft aufgefallen. Wenn man seinen eigenen Mustern zwar auf die Schliche gekommen ist, aber nicht weiß, wie man unbeschadet wieder rauskommt, fallen oft Tränen. Dieses ist eine körperliche Erleichterung und ebenso wichtig, wie notwendig.

Unser Emotionskörper kann sich über die Entgiftung der Tränenkanäle entladen, damit wir ungeschönt die Ernsthaftigkeit des Lebens erkennen, um geerdet unseren Weg fortzusetzen. Verspannungen, die aufgenommen wurden, lösen sich.

Über systemische Familienaufstellungen kann man aus dem festgefahrenen Programm entkommen. Über diese rein energetische Arbeit eröffnet sich eine Metaebene. Hier kommt man mit dem analytischen Verstand nicht weiter. Unser Denken ist hier fehl am Platz. Wer sich tief in das Phänomen dieser psychischen Therapiemöglichkeit einlässt, kann durch Transformation alter Wirkmechanismen zu einer gesünderen Lebensqualität kommen.

Es gibt viele informative Bücher, die genau beschreiben, was in diesen Momenten vor sich geht. Ich habe sehr gute Erfahrungen in den oben genannten Bereichen sammeln können. Mein eigener spiritueller Kern hat mir stets geholfen, das Brauchbare zu nehmen, und alles was sich für mich nicht stimmig anfühlte, zu lassen.

Ein schöner Satz von Mark Aurel lautet:

„Wissen ist ein Ergebnis eigenständigen Denkens

und somit die höchste Tugend."

Lernen, unsere Mitmenschen mit anderen Augen zu sehen und zu verstehen:

Das Zusammenleben in einer Gruppe, Familie oder Gesellschaft ist wichtig, um über die Kommunikation und Handlung unseren Mitmenschen näher zu kommen. Ob ich nun als introvertiert oder extrovertiert auftrete hängt von meinen mitgegebenen Anlagen ab. Es kommt auch vor, dass beide Qualitäten vorliegen. Sehr offene Menschen geben ihr Innerstes oft sehr schnell preis. Ob dies nun gut ist, oder sich als Nachteil herausstellt, hängt von der jeweiligen Situation ab.

Auf jeden Fall ist es ratsam, nur vertrauenswürdige Personen in die eigenen Belange schauen zu lassen. Ich habe gelernt, dass die Introvertierten oft ihr Ziel schneller erreichen als die Extrovertierten. Die Energie folgt zwar der Aufmerksamkeit, aber wenn sich die Extrovertierten auf ihr Ziel stürzen, dann verlieren diese oft eine große Portion ihrer innewohnenden Kraft.

Dadurch entfernen sie sich automatisch von dem angestrebten Ziel. Bei den eher in sich Gekehrten ist es andersherum. Durch meinen Beruf hatte ich die Möglichkeit viel über körperliche und psychische Leidenszustände zu erfahren.

Dadurch hat sich die Fähigkeit entwickelt, tief ins Innere eines Menschen schauen zu können. Dabei haben mir die fantastischen Erkenntnisse aus den alten Weisheitslehren, wie der Astrologie und der Numerologie geholfen, die Zusammenhänge im Ganzen zu verstehen.

Mit der Zeit wurden die erworbenen Kenntnisse immer besser, so dass manch einer verwundert war, wie ich so viel über ihn aussagen konnte, obwohl wir uns erst fünf Minuten kannten.

Das fühlt sich für einige Menschen eher unangenehm an, daher braucht es hierfür auch einen sehr geschützten Rahmen. Ich bin der festen Überzeugung, dass diese Fähigkeit, Menschen lesen zu können, nur Personen zufallen, die dafür nach einem höheren Plan ausgesucht wurden. In meinem Fall weiß ich, dass ich mit sehr viel Mondenergie ausgestattet bin.

Dieses Potential verleiht den betroffenen Personen eine große Portion Mitgefühl. Außerdem fällt es ihnen leicht, sich in andere hineinzuversetzen.

Allerdings haben alle mitgegebenen Kräfte auch zwei Seiten. Jeder, der in seinem Geburtshoroskop, oder durch die Dynamik der Geburtszahlen, mit viel Mondkraft gesegnet ist, muss lernen, gut mit diesem Geschenk umzugehen. Zuviel Mitgefühl oder sogar Mitleid führt uns von uns weg und macht uns zu Rettern. Sehr viele Bedürftige nehmen diese Zuwendung natürlich dankbar an. Allerdings besteht hier die Gefahr, dabei ausgenutzt zu werden.

Die goldene Mitte zu finden, und zu erhalten, ist oft nicht einfach. Es gibt uns doch immer so ein gutes Gefühl, einer anderen Person zu helfen. Nur sollte man auf jeden Fall bedenken, dass der Hilfesuchende dadurch nicht an seine eigene Kraftquelle kommt. Eine gute Motivation zu geben, bringt oft mehr. Wenn die eigenen Ressourcen entdeckt und aktiviert werden, dann kann es Schritt für Schritt für den Betroffenen aufwärts gehen.

Um einen positiven Kontakt zu einem anderen Menschen aufzubauen, ist es erforderlich, ihn anzunehmen, wie er ist. Ratschläge, die ja auch oft als Wort-Schläge verstanden werden können, sollten sehr bewusst gewählt werden. Ich muss mich dabei auf die Stufe des Betroffenen begeben können, ansonsten wird das gut gemeinte schnell verpuffen. Vielleicht kommt es gar nicht erst an. Ich habe schon viele Gespräche erlebt, in denen aneinander vorbeigeredet wurde. Ich hatte das Gefühl diese Personen merkten es nicht einmal. Als Außenstehender hat man einen anderen Blick dafür.

Ein aktives Zuhören zeigt der anderen Person, dass man wirklich bei ihr ist. Jede Interaktion muss auch in die Tat umsetzbar sein. Hilfe zur Selbsthilfe wäre hier ein Ausweg.

Wenn ich zu der Menschengruppe der rettenden Bevölkerung zähle, erwarte ich meistens irgendwann einen Ausgleich. Wirkliche Hilfestellung sollte aber selbstlos geschehen. Dazu ist es sehr wichtig, dass mein eigenes Umfeld stabil ist. Ich muss meine Grenzen kennen und wahren. Jeder Gesprächsaustausch führt unweigerlich zu einem energetischen Ausgleich.

Wenn mein Gesprächspartner eher zu den ständig unzufriedenen und demotivierten Kandidaten, oder zu den Unbelehrbaren gehört, verliere ich an Energie. Dieses Gefühl, des ausgezerrt sein, kennen viele von uns. Besonders nach anstrengenden Themen. Bei diesem geistigen Austausch, bei der die Kopfarbeit überwiegt, entfernen wir uns von der körperlichen Ebene. Um wieder näher mit dem Körper in Kontakt zu treten, ist es gut, sich wieder spüren zu können.

Durch Spaziergänge in der Natur, aber auch durch Sport, Berührungen, Yoga, Entspannungsübungen, finden wir wieder einen guten Zugang zur körperlichen Gesundheit.

Die Angst, die unsere Richtung bestimmt, und die Realität verschleiert:

Das Thema Angst ist in so vielen Lektüren bereits ausgedehnt besprochen worden. Trotzdem möchte ich einige Worte dazu schreiben. Dieses Gefühl stellt eines der größten Hindernisse auf diesem Planeten dar. Wenn wir gut in unserem Lebensumfeld integriert sind, dann können ängstliche Momente unser Wurzelwerk nicht zerstören. Selbstwert, Selbstbewusstsein und Selbstvertrauen sind Schlüsselworte, um sich all den kommenden Herausforderungen des Lebens zu stellen.

Wenn ich in meiner Kindheit bereits kämpfen musste, wird mein Selbstwert nicht sehr ausgeprägt sein, oder es hat zumindest stark gelitten. Hier braucht es professionelle Unterstützung, um das Erlebte aufzuarbeiten. Aus eigener Erfahrung weiß ich, dass, wenn wir der Angst einen Raum frei geben, sie sich darin austoben wird.

In diesem Fall bleiben wir wie in einer Wiederholungsschleife gefangen. Sie zu leugnen, oder einen Weg zu suchen, um an ihr vorbeizukommen, ist vergebens.

Sie wartet nur darauf, liebevoll integriert und angenommen zu werden. Haben wir uns in dieses erste Stadium vorgewagt, müssen wir uns trauen, in ängstlichen Momenten über uns hinauszuwachsen.

Die Angst hat, wie alles im Leben, zwei Pole. Ihre urtümliche Aufgabe ist es, uns zu beschützen. Wir werden durch Überlebensarchetypen vor lauernden Gefahren gewarnt und gestützt. Instinktiv verhindern mobilisierte Kraftreserven in einer plötzlich drohenden Katastrophe das Schlimmste. Wenn wir für die angstbesetzten Themen einen guten Weg finden, um sie zu transformieren, kann durch die freigewordene Energie ein neues Potential entstehen. Ohne unser Schneckenhaus zu verlassen, wird uns das nicht gelingen.

Es gibt hierzu sehr viel Lesenswertes. Ein Vertrauen in sich selbst, ist einer der wichtigsten Grundbausteine, um sich auf Erden eine Existenz aufzubauen. Sich seiner selbst bewusst zu werden, ist meines Erachtens nach eine lange Lebensaufgabe. Wer einmal damit anfängt, der kann so manches Geheimnis entlarven. Erst wenn wir uns gut genug kennen, verstehen wir den höheren Sinn der Dinge.

Zurück zur Angst. Gesund gelebt, ist diese Form der Energie ein Übel, dass uns ab und an begegnet, aber durchaus nicht aus der Bahn werfen kann. Gefährlich wird es, wenn wir sie unterdrücken. Dann kann aus einem kleinen Bach, über längere Zeit, ein mitreißendes Gewässer entstehen.

Nach physikalischen Gesetzmäßigkeiten muss sich etwas Aufgestautes irgendwann entladen. Wenn es sich mit Aggressionen vermischt, kann eine große Wut entstehen. Diese Ladung kann sich aber auch auf den Körper niederschlagen und Panikattacken oder psychische Störungen auslösen. Spätestens jetzt ist Hilfe mehr als erforderlich.

Der Kopf spielt hierbei natürlich eine ganz große Rolle. Je mehr ich mich in ein kleines Gefühl hineinsteigere, desto größer ist die Wahrscheinlichkeit, dass sich ein anfänglich kleines Sandkorn zu einem Stein entwickelt.

Wir hören ja oft, das ist eine reine Kopfsache. Das Leben an sich hat ein ziemliches Tempo erreicht. Diese Geschwindigkeit lässt uns oft nicht genug Zeit, um unseren Empfindungen nachzuspüren. Hier sehe ich das Problem. Die vielen Erwartungen der Gesellschaft, der Familie, und der Arbeitgeber fordern unsere Aufmerksamkeit und Zeit.

Da bleibt nicht viel für uns übrig. Der Alltag mit all seinen Verpflichtungen hält uns gefangen. Der Mensch ist aber nun mal keine Maschine. Das bemerken wir, wenn es nicht mehr rund läuft, wir erschöpft sind, oder sogar in einem Burnout landen.

Wenn wir in das letzte Stadium kommen, ist unser Lebensfunken fast erloschen. Wer ausgebrannt ist, der hatte ja einmal ein loderndes Feuer für die geplanten Vorhaben. Entweder hat er es übertrieben, oder er hat sich einfach vom Leistungspensum seiner Zeitgenossen mitreißen lassen.

Die astrologische Sternendeutung als Hinweis zum persönlichen Wandlungsprozess:

Das große Gebiet der Astrologie war für mich schon immer ein Mysterium. Ich wusste, hier gibt es viele Geheimnisse zu ergründen, und Wissenswertes zu erfahren. Es dauerte aber lange Zeit, bis ich mich diesem Thema annäherte. Die ersten gelesenen Bücher hierzu, und die fachlichen, komplexen Informationen, empfand ich als trocken.

Ich glaubte lange, dass meine angeborene Intelligenz für diesen Stoff nicht ausreichte. Meine geistigen Fähigkeiten schienen leicht überfordert. Die vielen theoretischen Fakten, Berechnungen, Fachbegrifflichkeiten schienen endlos. Mein Geist musste erst lernen, sich in dieser astrologischen Sprache zurecht zu finden. Ich fühlte mich eher in praktischen Lerninhalten wohl.

Meine Ausdauer, und das intensive Hineintasten in dieses anspruchsvolle Wissensgebiet, wurden aber im Laufe der Jahre belohnt. Ich bemerkte, dass die vielen verschiedenen Aspekte und Konstellationen der Gestirne, für meinen eigenen Entwicklungsprozess in den Hintergrund rückten.

Die großen kosmischen „Player" (Sonne, Mond, Saturn und Jupiter) zu ergründen, brachte schon weitaus viel, bis dahin Verborgenes, ans Licht. Das all dies zu wissen, in meinem Dasein zu großen persönlichen Veränderungen führte, spornte mich weiter an.

Die übergeordneten hermetischen Urprinzipien:

In alten, überlieferten, philosophischen Schriften wurden kosmische Gesetzmäßigkeiten entdeckt. Diese universellen Prinzipien, auch hermetische Gesetze genannt, wirken maßgeblich auf die Ebene der Menschheit ein. Man sagt, dass der Urheber dieses Wissens seinen Ursprung in Hermes Trismegistos, (einer Gottheit), findet. Durch einen göttlich inspirierten Menschen wurde uns dieses antike Wissensgebiet zugänglich gemacht.

Hierin sind sieben Urprinzipien festgehalten. Ich möchte in diesem Buch nur die Wichtigsten ansprechen, da diese sich, sehr wirkungsvoll, zu einem kostbaren Erfahrungsschatz meines Lebens entwickelt haben.

Das Prinzip der Analogie:

„Wie oben, so unten; wie innen, so außen; wie der Geist, so der Körper." Die Verhältnisse im Universum (Makrokosmos) entsprechen denen im Individuum (Mikrokosmos)". Was so viel bedeutet wie „Die äußeren Verhältnisse spiegeln sich im Menschen und umgekehrt". Mir ging ein Licht auf, und ich verstand die vorher eher unzugänglichen Zusammenhänge.

Die kosmischen Urkräfte und unser Menschsein sind unsichtbar geistig verbunden. Um nun gute, für uns segenreiche Entscheidungen zu treffen, ist es von Vorteil, die kosmischen Zeitqualitäten zu kennen, und einfließen zu lassen. Die Qualität der Zeit ist ein ausschlaggebender Faktor. Unsere getroffene Entscheidung kann in eine günstige oder eher ungünstige Zeitspanne fallen. Dies ist für den gesamten Entwicklungsprozess von wesentlicher Bedeutung.

Das Polaritätsprinzip, eines der wichtigsten kosmischen Gesetze:

Es besagt, dass alles auf dieser Welt zwei Pole hat, und braucht. Nichts kann hell sein, ohne den Gegenpol der Dunkelheit. Alles Positive kann nur existieren, weil es auch das Negative gibt. Dieses geistige Gesetz ist, meines Erachtens nach, eines der Wichtigsten. Wer im Leben weiterkommen möchte, sollte es beachten.

Aus der esoterischen Glaubensrichtung kennt man das positive Denken. Ebenso bekannt ist es, ein Wunschpaket an das Universum abzusenden. Allerdings bemerken viele Lichtarbeiter erst nach Jahren, dass dies nicht so einfach funktioniert. Auf die Wunscherfüllung warten viele vergeblich.

Es geht eben nicht darum, sich nur auf der einen Seite des Pols zu bewegen. Meine Erfahrungen brachten mir die Erkenntnis, dass ich nur vorankomme, wenn ich immer beide Seiten achte und bedenke. Mehr noch: Es muss praktiziert werden.

Man lebt und zeigt also seine weiche charakterliche Empathie ebenso wie seine eigenen Grenzen zu wahren. Die harte Seite unseres Charakters möchte gelebt werden.

Wenn ich nicht lerne, nein sagen zu können, kann diese Schwäche schnell ausgenutzt werden. Wir können unsere Energie nur schützen und erhalten, wenn wir uns lieben und akzeptieren. So entwickeln wir uns entsprechend einem höheren Sinn.

Das Resonanzgesetz wirkt über das innere Bewusstsein:

Die Idee, die hinter dem universalen Resonanzprinzip steht, besagt dass alles was einem Menschen widerfährt, irgendwie etwas mit ihm zu tun hat und daher beeinflussbar ist. Veranschaulicht werden kann es mit dem bekannten Sprichwort:

„Wie man in den Wald hineinruft, so schallt es zurück "

Dieses Prinzip ist einigen Leuten auch als das Spiegelgesetz bekannt.

Hiermit sind nicht nur unsere Worte, sondern auch die Taten gemeint. Ich stehe fest hinter diesem Denkmodell. Es gibt uns die Chance, einen positiven Beitrag für uns und die Welt zu leisten.

Wenn etwas sehr Unschönes in unser Leben tritt, ist es mehr als verständlich, dass wir einige Zeit brauchen, um es zu verarbeiten. Bevor wir uns dann auf einen Schuldigen stürzen, ist es besser, eine konstruktive positive Lösung für beide Seiten zu erarbeiten.

Wut und Zorngedanken bringen uns nicht weiter. Ganz im Gegenteil, unser Nervenkostüm reagiert sehr empfindlich auf Aggression. Ich finde es spannend zu beobachten, wie das eigene Leben sich verbessert, wenn wir angehalten sind, Gutes in die Welt zu transportieren.

Manchmal hilft es schon, sich selbst nicht so wichtig zu nehmen. Mir sind schon viele Menschen begegnet, die ein Thema künstlich mit Worten aufblasen. Hinterher konnte man schnell feststellen, dass es mit ihrer eigenen Ehrlichkeit nicht weit her ist.

Was hält die Welt im Innern zusammen?

Unsere Welt ist nach einem göttlichen Ordnungsprinzip konzipiert. Wie sollte es auch anders sein. Die Vielfältigkeit der Natur, und die so exakt aufeinander abgestimmten Tierarten, die wir auf Erden vorfinden, sprechen dafür. In all dem einen Zufall zu vermuten, ist für mich sehr unwahrscheinlich.

Der Kosmos, die Planetenkräfte sowie unsere Erdkugel sind quasi wie eingebettet in eine höhere allumfassende Macht. Wenn nun die universellen kosmischen Kräfte nicht in einer harmonischen Konstellation zueinanderstehen, wirkt sich dies natürlich auf unsere individuellen Lebensenergien, und Umstände aus.

Diese scheinbar zufälligen Ereignisse treffen uns im Alltag und in allen erdenklichen Lebenslagen. Die auf uns zukommenden Lektionen wechseln je nach Schwierigkeitsgrad. Eine karmische Komponente kann sich stark auf Körper und Geist auswirken.

Lange und kurze Phasen wechseln sich ab. Schwierige Stellungen bringen somit auch qualitativ anstrengende Qualitäten von Energien mit sich. Sehr vereinfacht gesagt bedeutet es, dass schwierige Planetenphasen chaotische Schwingungen erzeugen. Woraus wir schließen können, dass, wenn der Himmel voller Geigen hängt, sich die universelle Harmonie der Kraftquelle, ebenfalls positiv auf uns auswirkt.

Dies alles ist nun in sehr einfache Worte verpackt. Ich habe die Erklärungen absichtlich vereinfacht dargestellt, da astrologische Fachbücher oft schwer zu lesen sind. Dabei werden uns unsere intellektuellen Fähigkeiten manchmal sogar zu einem Hindernis.

Die Tiefe dieser Hintergründe ist für den normal denkenden Verstand nicht zugänglich. Es gäbe hierzu noch so unendlich viel zu sagen, aber dies würde den Rahmen dieses Buches sprengen. Wer sich umfangreicher und ausführlicher im fachlichen Kontext informieren möchte, kann umfassend in Bibliotheken oder im Internet fündig werden.

Die Menschen der alten Zeit verehrten die Planetenkräfte als Götter. Sie zeigten damit ihre Ehrerbietung gegenüber einer kosmischen, allumfassenden Intelligenz. Da es von Vorteil ist, die Persönlichkeitsmerkmale der sieben wichtigsten Planeten zu kennen, möchte ich diese kurz vorstellen.

Die Planetenmerkmale der sieben wichtigsten Planeten:

Die Sonne repräsentiert als König unter den Planeten das Selbst, die Seele, die Vitalität eines Menschen und dessen Status und Willenskraft.

Der Mond steht als Königin für den Geist, die Gefühlsebene, die Emotionen und die höhere Weiblichkeit.

Mars gilt als General unter den Planeten. Er ist eine Quelle unersättlicher Energie und Lebensmutes. Er steht für unsere Initiativen und Auseinandersetzungen im Leben.

Merkur gilt als der Prinz und gleichzeitig als Signifikant für die analytische Intelligenz, die Fähigkeit zu lernen und für den Handel.

Jupiter repräsentiert als Priester unter den Planeten und als die Verkörperung göttlicher Gnade und spirituelle Neigungen alle Geschenke, die wir im Leben bekommen.

Venus gilt als Göttin der Liebe, des Luxus und der angenehmen Seiten des Lebens, die uns Leidenschaft, Liebe, Reichtum und einen Sinn für das Schöne im Leben gibt.

Saturn sorgt als Diener unter den Planeten für Beständigkeit, Disziplin und Einfachheit und vermittelt die Vergänglichkeit des materiellen Daseins.

Es gibt noch zwei besonders schwierige Einflüsse im Kosmos. Im Geburtshoroskop erscheinen sie als die beiden Mondknoten Rahu und Ketu. Hierzu kann man auch Karmaknoten sagen. Während Rahu das Bewusstsein materiell bedeckt, inspiriert das durch Ketu erfahrene Leid, zu spirituellem Wachstum.

Diese beiden schwerwiegenden Aspekte werden auch als der aufsteigende, und als der absteigende Mondknoten bezeichnet. Während es sich bei dem absteigenden Schattenplaneten um das vergangene Karma handelt, zeigt der aufsteigende Knoten das jetzige, bevorstehende Potential der Seelenreifung an.

Über Leiderfahrungen oder Prozesse des Loslassens kommen wir in bis dahin ungeahnte Lebensbereiche, die, ohne Frage, zu den schwierigsten negativen Einflüssen im Horoskop zählen. Ein gezieltes Nachforschen deckt unsere „Verblendung" auf.

Das Niveau der Sonne als eine der wichtigsten Eigenschaften im Horoskop:

Nur vorweg, jede der mitgebrachten Energien ist für unseren Wachstumsprozess wichtig. Mein Wunsch ist es, dass ein jeder Lust bekommt, sich selbst besser zu erforschen. Ich kann hier nur einen kleinen Anstoß geben. Unser Ich-Verständnis (Sonne, das Selbst) ist durch belegte kosmische Energien teilweise verzerrt.

Natürlich folgt dies einem übergeordneten Sinn. Mensch erkenne dich selbst, ist uns ja allen aus alten Überlieferungen bekannt. Welch kostbarer Schatz durch Selbsterkenntnis hiermit an die Oberfläche kommt, zeigt sich erst nach Jahren der Folgsamkeit.

Diese unübertreffliche Weisheit begegnet uns in der „Wahrhaftigkeit". Eine ungeschönte Ehrlichkeit in allen Belangen, macht uns zu einem, durch und durch authentischen Bewohner dieses Planeten. Der Satz „Die Wahrheit steht von allein, die Lüge muss immer wiederholt werden", kann sich uns, in jedem denkbaren Augenblick zeigen. Dieser kostbare Erfahrungsschatz wird uns nur im direkten Erleben erreichen.

In einer unmittelbaren Auseinandersetzung mit den unbestimmten Widrigkeiten des Lebens. Jeder Einzelne von uns kann anfangen, sich wie ein Architekt sein eigenes Inneres Heim umzugestalten. Die Bausubstanz aus Eigenliebe wird helfen, Wohlfühlräume mit behaglichem Charakter zu schaffen. Kreiere für dich ein Innenleben, indem du dich annehmen, und dir und anderen vergeben kannst.

Lade die Kreativität, Freude und die Glückseligkeit zu dir ein. Die Reise in das Unbekannte muss von uns allein ausgehen und gegangen werden. Die himmlischen Kräfte unterstützen uns dabei. Ich will damit sagen, dass auf einer der höheren Ebenen, dieser persönliche Wunsch gutgeheißen wird.

Ich möchte dem Leser dieses Buches eine ganz andere, weniger bekannte Sichtweise, auf die kosmischen „Player" vermitteln. Einen tieferen Blick auf unsere Sonnenqualität. Wenn wir uns umfassender mit dem Thema auseinandersetzen, erfahren wir, warum wir in bestimmten Situationen durch eingefahrene Verhaltensweisen reagieren. Danach können wir anfangen, daran zu arbeiten.

Auch wenn wir dadurch nicht wissen, welche Geburtsenergien unsere Mitmenschen haben, wächst doch das Verständnis hierfür, denn wir begreifen die dahinterliegenden Mechanismen. Allein das ist es doch wert, ein wenig Zeit zu investieren, um die vorgeschobene Oberflächlichkeit zu durchschauen. Ein harmonischeres Miteinander wird es uns danken.

Wir lernen in der Astrologie, dass der Sonnenstand zu dem Zeitpunkt unserer Geburt die mitgebrachten Anlagen (Eigenschaften) bestimmt. Dies ist den meisten Erdenbewohnern bekannt. Ich gebe hier zur Verdeutlichung ein Beispiel. Wer im Sonnenzeichen Stier, dem Erdelement, das Licht dieser Welt erblickt, gehört zu den Genießern. Außerdem steht die Sicherheit für Stiere oft im Vordergrund.

Das variiert natürlich, wenn man genau hinschaut. Dieses Zeichen hat viele erdbetonte Qualitäten. Der Stier kann natürlich weitere ausgeprägte Eigenschaften, in den drei weiteren Elementen Feuer, Wasser und Luft, besitzen. Wenn ein Element sehr häufig vorkommt, repräsentiert dieses unser Naturell. In meinem ersten Buch habe ich die Auswirkungen der einzelnen Elemente ausführlicher beschrieben. Man kann hierzu im Internet oder in zahlreichen Büchern sein vorhandenes Wissen ergänzen.

In diesem Buch möchte ich tiefer auf die Sonnenqualität eingehen. In alten Schriften, den Veden genannt, wird uns ein Geheimwissen überliefert, dass für Interessierte zu einem großen Nutzen werden kann.

Hier wird preisgegeben, dass man über den Sonnenstand im Geburtsbild einen Einblick über das eigene „Ich" (Selbst, Seele) bekommt. Meine Hinweise sollen Anreize zur eigenen Seelen Erforschung geben. Das eigene Ich kann also sehr stark ausgeprägt im Sonnenstand Widder oder Löwe sein (beides ein Zeichen im Feuerelement), oder eher mäßig bis unterentwickelt.

Wenn ich noch sehr jung bin, habe ich durch Mangel an Erfahrung eher zarte Durchsetzungskräfte. Diese müssen sich wie die Knospen einer jungen Pflanze entwickeln können, um zu gedeihen. Erst wenn sich alles kräftigt, so dass sich Wurzeln bilden, lernen wir, diese tiefer zu verankern. So kann das Leben uns weniger anhaben.

Wenn ich nun zur Kernaussage unseres „Ich-Verständnisses" komme, wird so manchem klar, dass hier angesetzt werden muss. Wie ich mich selbst sehe, oder was ich von mir halte, entspringt hier. Eine übertrieben angelegte Selbstüberschätzung ist genauso begrenzend, wie eine minderwertige Einschätzung meiner Selbst.

Wenn ich meine Forschungen ausdehne, kann ich auch an Informationen gelangen, die mir aufzeigen, warum gerade meine mitgebrachte Sonnenenergie dieses Niveau besitzt. Aber das überlasse ich dem Leser, da nur vereinzelt Menschen an Vorleben glauben. Über diese Quellenangabe des Sonnenstandes, habe ich die Möglichkeit, Unbewusstes an die Oberfläche zu holen. Damit kann die Arbeit an meinem „Selbst" beginnen.

Es gibt in der Astrologie zwölf „Häuser", in denen unsere Sonnenenergie, laut Geburtshoroskop, für uns präsent ist.

Die zwölf Häuser in der Astrologie:

Diese zwölf Häuser vertreten alle einen bestimmten Themenbereich unseres Lebens. Jeder Erdenbewohner hat also sein „Ich" (Sonne, das Selbst) an einem speziell für ihn vorbestimmten Platz. Wenn ich dieses Haus über eine Horoskop-Deutung ermittelt habe, weiß ich, auf welchen Lebensbereich sich ein großer Teil der Lebensenergien dieses Menschen beziehen wird.

Habe ich beispielsweise das zehnte Haus durch meine Sonnenkraft betont, dann wird die Gesellschaft und Erfolg, Arbeit oder die Karriere eine übergeordnete Rolle in meinem Leben einnehmen. Meine Ich-Identität fühlt sich dann mit genau diesem Bereich oft sehr stark verbunden. Warum gerade diese Neigungen vorhanden sind, hinterfragen wir nicht.

Die Herrschaft des zehnten Hauses obliegt dem Steinbock. Dieser Einfluss wird sich gravierend einschleichen. Meine Karriere oder meine Arbeitskraft wird einen hohen Stellenwert einnehmen. Der Hausherrscher (Steinbock) wird einen erheblichen Anteil an Lebensenergie auf das zehnte Haus richten.

Hier kann es passieren, dass sich eine gewisse Leere breit macht, wenn wir im gehobenen Alter oder im Rentenalter weniger Verpflichtungen haben. Andererseits kann es schnell zu einer Überforderung kommen. Die investierte Handlungskraft kann dazu führen, dass eine Erschöpfung droht. All dies läuft völlig unbewusst ab. Die Lösung ist, dies zu erkennen und dem vorzubeugen.

Wenn wir lernen, uns über diese alten Weisheitslehren besser zu verstehen, kann das gesamte Leben angenehmer verlaufen. Schon mit dem Zeitpunkt, an dem uns bewusst wird, wo und wie die Anlagen in meinem Horoskop verteilt sind, ändert sich etwas im Denken. Da die Energie der Aufmerksamkeit folgt, kann ich mich und mein Dasein aus einer Adlerperspektive beobachten. Egal in welchen der unterschiedlichen Themenbereiche unsere Sonne fällt, wir sind angehalten, diese Kraft oder Schwingung gesund zu leben.

Das Wort Ausgeglichenheit trifft es auf den Punkt. Immer, wenn wir uns in unserer inneren Mitte befinden, sind wir widerstandsfähiger und belastbarer.

Durch Entspannungsübungen, Yoga, Meditationen oder einen Aufenthalt in der Natur, helfen wir uns, die Balance zwischen Aktivität und Ruhe zu finden.

Steht unsere Sonne im fünften Haus, wird unser Leben stark von den Themen der Kreativität, des Vergnügens, der Kunst, den Kindern und dem Spiel bestimmt. Die Intelligenz und Ausbildung, können für uns ebenso in den Vordergrund rücken. Je nachdem wie gut dies gestellt ist, oder welcher Planet hier wirkt, fällt unser Unterscheidungsvermögen aus.

Die Geburtssonne im neunten Haus steht für die Weltanschauung und die Erweiterung des Horizontes. Auch das Reisen, Lernen und die Philosophie finden wir hier. Eine spezielle Hingabe zu religiösen Institutionen könnte hier verankert liegen. Auch starke Vorlieben zu esoterischen Glaubensrichtungen oder zu Meditationen können hier entspringen. Es ist ansonsten ein sehr positives Haus, wenn nicht ungünstige Einflüsse durch andere Planetenkräfte das Gegenteil anzeigen.

Der astrologisch interessierte Leser bekommt hier einige Hinweise vermittelt, um die Möglichkeiten zur Eigenerforschung zu erkennen, und sein Selbststudium zu beginnen. Das spannende Vertiefen und Entdecken dieser persönlichen Geheimnisse, und das Erleben von „Aha Momenten", wird für jeden Einzelnen zu einer spannenden Mission.

Wenn das Unbekannte ans Licht kommt, kann ein jeder durch Bemühungen und Selbstreflexion diese unsichtbaren Einwirkungen entlarven, und somit zum Mitgestalter seiner Existenz werden.

Wenn der Stresslevel des Alltags groß ist, wird es uns sicherlich etwas schwerfallen, das Gelernte umzusetzen. Mit der Zeit lernen wir jedoch, unsere Handlungsaktionen durch das bewusste Integrieren der neugewonnenen Hinweise zu beobachten. Dann entwickeln wir die Fähigkeit, zu agieren, anstatt nur zu reagieren.

Welche Rolle spielt unser Aszendent?

Der Aszendent ist das Zeichen, das am östlichen Firmament im Moment der Geburt aufsteigt. Er gilt in der westlichen Astrologie als das zweitwichtigste Merkmal in unserem Sternenabdruck. Ein entscheidender Anteil unserer Persönlichkeit wird durch ihn gespiegelt. Die Energie unseres Aszendenten beschreibt exakt das, was wir anderen Menschen gegenüber ausstrahlen.

Mit zunehmender Lebenserfahrung entfaltet sich diese Wirkung nach und nach. Ich persönlich habe die Aszendenten Schwingung verstärkt zwischen dem 30. und 40. Lebensjahr gespürt. Mein Aszendent ist der Schütze. In dem vorher genannten Lebensalter wurde mein Wissensdurst oft übermächtig. Die Themen wie Ernährung, Heilmethoden, Spiritualität, Weisheitslehren ließen mich nicht mehr los.

Als ich meinen Geburtschart studierte, wurde mir auch klar, wieso ich so wissbegierig bin. Der Planet Jupiter, der Botschafter des Schützen, ist in seiner reinen Essenz ein Lehrer (Guru). Daher besteht bei Personen mit einem Aszendenten im Zeichen Schütze ein sehr hoher Wissensdrang.

63

Sie möchten die tiefgründige Wahrheit entdecken und haben vor allem reges Interesse an alten Schriften. So war es eben auch bei mir.

Während sich in der westlichen Astrologie die Stern-Berechnungen überwiegend nach dem Sonnenstand richten, wird in der indischen Deutung dem Aszendenten eine sehr große Aufmerksamkeit gewidmet. Die Auswirkungen des Aszendenten auf die übrigen Planeten werden hier sogar als ein „Schutzschild" bezeichnet.

Dieses Schild bezieht sich auf die positiv im Horoskop wirkenden Planeten. Die Gestirne, die negativ funktional wirken, brauchen Korrekturen, die einen zusätzlichen Einsatz von uns erfordern.

Die indische Sternendeutung wird als vedische Astrologie bezeichnet. Diese Wissenschaft wird auch Jyotish genannt. Übersetzt bedeutet dieser Name: „Das Licht". Dieses Licht kann durch Voraussagungen, die unsere Zukunft betreffen, Wahrscheinlichkeiten vorhersagen.

Ich arbeite mit diesem vedischen System. Diese Wissensinhalte haben mein Leben positiv verändert. Bestehende Probleme oder Krankheiten im Geburtschart können durch eine gute Analyse beleuchtet und verbessert werden.

In der vedischen Kultur gilt die Sternenkunde als die „Königin der Wissenschaften".

Diese Weisheitslehre wird auch als „das Auge der Veden" bezeichnet, weil genau wie die anderen Sinne dem Auge zugeordnet sind, so hängen andere Wissensbereiche von der Astrologie ab, und werden von ihr erhellt. Hier wird also im übertragenen Sinne eine Lupe angesetzt.

Nach vedischem Verständnis sind die wichtigsten Rahmenbedingungen unseres Lebens durch das Gesetz des Karmas bereits vorgegeben. Karma bedeutet Ursache und Wirkung. In alten vedischen Schriften wird darauf hingewiesen, dass die Seele in einem Kreislauf von Wiedergeburten gefangen ist.

Wenn wir das Licht der Welt erblicken, dann bringen wir eine angehäufte Schuld mit. Das Wort Schuld sollte hier bitte nicht überbewertet werden. Ich hätte auch schreiben können, dass wir lichtvolle und noch verdunkelte Anteile besitzen, die es zu erkennen bedarf.

Dieser Seelenballast kann durch einen Sternenkundigen genau identifiziert werden. Dieser gibt uns dann genaue Angaben, was in diesem Leben ansteht. Ein durch Nachforschung gelüftetes Geheimnis, kann viel Aufregendes an die Oberfläche bringen. Ich selbst war sehr überrascht, wie präzise einige Deutungen waren. Hierbei geht es darum, mitgebrachte Schwächen aufzudecken, um daran arbeiten zu können.

Die Position der Planeten im Horoskop spiegeln unser „eigenes Königreich":

Anhand des Regierungsmodells in einem Königreich möchte ich in diesem Kapitel verdeutlichen, wie unsere gesamte Lebenszeit, abhängig von den Gestirnstellungen, adäquater genutzt werden kann. Wie wir nun schon erfahren haben, ist die Sonnenqualität, die unser Ich (Seele, oder das Selbst) vertritt, ausschlaggebend.

Es gibt aber noch weitere Krafteinflüsse, die berücksichtigt, und angeschaut werden müssen.

Kommen wir nun zu dem Modell. Nur mal angenommen wir betrachten einmal unser Geburtsbild, wie das oben angedeutete Königreich. Dann möchte die wichtigste Kraft, die Sonne, vertreten durch den König, ein gut funktionierendes und organisiertes Reich.

Dieses sogenannte königliche Reich ist im übertragenen Sinne unser Leben. Ein König hat zu seiner Unterstützung Berater, Minister, Krieger, Diener und eine Königin.

Wenn die Majestät mit der Regierung ihres Reiches zufrieden ist, und alles läuft seinen geregelten Gang, ist es gut. Wenn alles ohne große Probleme und Kämpfe abläuft, dann können wir davon ausgehen, dass die Planetenkräfte im geschilderten Fall im Geburtschart (Horoskop) sehr gute Positionen bekommen haben.

So läuft es im Leben aber bei den Wenigsten. Wenn ich mein Leben betrachte, dann musste ich sehr viele Lektionen bewältigen. Mein Krieger, der einen Anteil meiner Persönlichkeit ausmacht, ist durch einige unliebsame Momente gegangen, und war des Öfteren kampfesmüde. Dann zog ich mich zurück, um neue Energie zu tanken und Ruhe zu finden. Hätte ich damals bereits gewusst, wie all diese Dinge übergeordnet kosmisch miteinander verknüpft sind, wäre die eine oder andere Schlacht gar nicht erst zustande gekommen.

Ich meine von mir behaupten zu können, dass ich zu den eher friedlichen Artgenossen zähle, aber Auseinandersetzungen kommen nun mal überall vor. Außerdem sind auch sehr unangenehme Lebenslektionen ein mitgebrachtes Karma und möchten abgetragen werden. Zurück zu unserer Veranschaulichung.

Haben wir den König (Sonne/Seele) in einer eher minderwertigen Qualität, ist er verständlicherweise umso mehr auf seine Bediensteten angewiesen. Haben diese gute Plätze, können sie unterstützen und helfen. Auf jeden Fall ist ein aufeinander abgestimmtes Regieren notwendig.

Im positivsten Fall arbeiten die Untergebenen, durch Gehorsamkeit und Pflichtbewusstsein, in einer guten Würde, ihrer Majestät zu. Wenn jeder dieser Planetenkräfte (Bediensteten) macht, was er will, entsteht ein Chaos. Auf unsere Lebenssituation übertragen bedeutet dieses, wir haben uns festgefahren, oder finden keine Erfüllung in unserem Dasein.

Die Wirkkräfte der Planeten:

Die Sonne hat die höchste Position. Sie gilt als der König im System. In allen alten Hochkulturen wurde sie als Gottheit verehrt. Sie steht für das Licht der Wahrheit und repräsentiert die Seele (das Selbst) unter den Himmelskörpern. Sie symbolisiert kosmische Intelligenz und reines Bewusstsein. Sie steht für Licht, Leben, Liebe, Wahrheit, Willen und Wahrnehmung. Alle anderen Planeten repräsentieren jeweils einen Strahl der Sonne.

Die Beraterkraft ist von der Position unserer Venus abhängig. Sie ist zwar auch als Liebesgöttin in aller Munde, aber vielleicht könnte man vermuten, dass mit dem Herzen entschiedenes, uns tief auf unserer Gefühlsebene erreicht. Da diese Göttin auch für Schönheit steht, kann eine ungute Häuserstellung uns dazu bringen, im weltlichen Glanz stecken zu bleiben. Im Rausch des Schönen geblendet kann die Erdung leicht verlorengehen. Dies bezieht sich natürlich genauso auf eine schöne Frau oder einen attraktiven Mann.

Der Planet Merkur, der als Minister die Aufgaben unseres Königreiches vertritt, ist auch als der große Denker bekannt. Unsere Kommunikation ist durch ihn möglich. Also der Anteil mit dem wir denken. Unsere Verstandesebene. Wenn dieser ungünstig steht, oder er sich ein Haus (Platz) mit einem weiteren Beteiligten teilen muss, dann kann Klarheit und Durchsetzungskraft in getroffenen Entscheidungen fehlen.

Durch meine Arbeit konnte ich erkennen, dass eine Überbetonung oder Dominanz dieser Informationskraft dazu führen kann, dass man sich durch das Sammeln von Informationen verzettelt.

Mars ist die Energie, mit der wir in unsere kleinen oder großen Kriege ziehen. Die Vitalität des Körpers gehört ebenfalls zu seinen gemanagten Gebieten. Er aktiviert in uns das Feuerelement.

Wenn wir uns zu unbewusst in diese mächtige Power-kraft verlieren, dann kann es passieren, dass aus anfangs banalen Gesprächsthemen schnell ein Streit entsteht.

Befindet sich unsere Marskraft durch ihre Position, in einem geschwächten Zustand, oder wird durch weitere Gestirne bedrängt, kann uns dies lähmen oder sogar kampflos machen. Wenn sich Krankheiten zeigen, kann durch einen Verzicht auf Genussmittel und das strikte Einhalten von Ruhezeiten gegengesteuert werden.

Der Diener, in dem angedeuteten Königreich, wird durch Saturn vertreten. Er ist einer der mächtigsten Gestirne. Bekannt als unser Schicksalsplanet. Durch ihn bekommen wir Durchhaltevermögen. Saturnische Persönlichkeiten sind sehr pflichtbewusst und können sich gut einschränken. Erdenbewohner, bei denen diese Qualität mangelhaft ausgebildet ist, müssen vermehrt mit Widrigkeiten rechnen. Steht ihr Saturn mit anderen Gestirnen in einem Haus, dann gilt dies ebenso.

Jupiter ist der größte Stern im Sonnensystem. Dieser ist auch als Glücksplanet bekannt. Expansion und Wachstum gehören zu seinem Betätigungsfeld. Wenn er sich im Haus der Finanzen befindet, dann hat diese Person normalerweise keine Geldsorgen. Er bringt weniger Unheil als die anderen Player, allerdings ist auch hier die Position wichtig. Wenn er sehr ungut gestellt ist, können Maßlosigkeit und Selbstüberschätzung auftreten. Sein Planetenstand deutet auf Kinder und Heirat hin.

Wir haben die Königin des Systems noch nicht besprochen. Der Mond, besser die Mondin (la luna), hat, zusammen mit dem König, sehr anspruchsvolle Aufgaben zu erfüllen. Außerdem läuft er am schnellsten. Seinen Standort wechselt er sehr häufig. Unser Mondzeichen regelt die Gefühlswelt. Er zeigt an, was wir brauchen, um uns geborgen zu fühlen. Er ist für unsere Seele von herausragender Bedeutung. Sein Einfluss wirkt sich auf unsere Emotionen, Träume und Bedürfnisse aus.

All die vorher erwähnten Gestirne, können auch in ihren eigenen Häusern stehen. Dann sind sie besonders mächtig. Achtung ist trotz allem geboten. Wenn die Mondin im Zeichen Krebs steht, welches als ihr Haus gesehen wird, kann die Gefühlskraft des Horoskop Eigners besonders betont sein. Dieses übermächtige Wasserelement kann uns dazu verleiten, wichtige Entscheidungen verwässert zu betrachten. Die logischen, analysierenden Anhaltspunkte werden unbewusst ausgeblendet.

Die Frage ist aber, ob die von uns getroffene Entscheidung, für uns oder andere, eine Hinwendung zu Gott (der Quelle), oder von Gott weg, und einen Schaden für das Kollektiv der Menschheit bedeutet.

Dies kann nur individuell, vom Einzelfall abhängig, beurteilt werden. Wenn ich mein Mitgefühl allerdings übertreibe, könnte es sein, dass eine andere Person dadurch nicht in ihre eigene Kraft kommt.

Somit ist keinem wirklich geholfen. Ein feinsinniges Handeln ist hier wichtig. Eine gut geschulte Intuition erkennt die verdeckten Hintergründe, und besinnt sich auf das Wesentliche. Mit einer guten Menschenkenntnis wissen wir automatisch was zu tun ist.

Die zwölf archetypischen Aspekte in uns:

Wenn uns auf einer Party ein Astrologie-Kundiger sagt: „Ah du bist Fisch geboren, dann weiß ich wie du tickst." Dann ist diese Aussage eventuell unterschwellig richtig, aber so einfach ist das nicht. In jedem Menschen sind grundsätzlich zwölf sehr unterschiedliche, kosmische Archetypen zu finden. Ich habe hier die dominanten Grundeigenschaften einmal aufgeführt: Diese Tendenzen wirken tief auf unser Seelenempfinden ein, daher agieren wir wie selbstverständlich mit ihnen.

Der Widder: Sein Herrscher ist der Planet Mars. Sein Impuls weckt den Krieger und die Tatkraft in uns. Sein Element ist das Feuer.

Der Stier: Die Herrscherin ist die Venus. Schönheit und Sinnlichkeit gehört zu ihren Facetten. Ein nach Besitz strebender Anteil. Das Element ist die Erde.

Der Zwilling: Der Herrscher ist Merkur. Er steht für unsere Denkkraft und die Kommunikation. Hohes geistiges Potential. Sein Element ist die Luft.

Der Krebs: Der Herrscher ist der Mond. Ein weiblicher empfangener Aspekt in uns. Der fühlende Impuls. Das Element ist das Wasser.

Der Löwe: Der Herrscher ist die Sonne. Das kreative Potential. Das Innere Kind. Der Darsteller in uns. Das Element ist das Feuer.

Die Jungfrau: Der Herrscher ist der Merkur. Der analysierende Verstand. Der Aspekt des Heilers / der Heilerin in uns. Das Element ist die Erde.

Die Waage: Die Herrscherin ist die Venus. Geistige Schönheit. Ein diplomatischer und friedenstiftender Impuls in uns. Das Element ist die Luft.

Der Skorpion: Die Herrscher sind Pluto und Mars. Forschung und Grenzerfahrung. Eine tief transformierende Kraft in uns. Das Element ist das Wasser.

Der Schütze: Der Herrscher ist Jupiter. Horizonterweiterung und ein nach Wachstum strebender Teil in uns. Der ewige Student. Sein Element ist das Feuer.

Der Steinbock: Der Herrscher ist Saturn. Pflicht und Durchhaltekraft. Ein strenger zur Disziplin mahnender Aspekt. Sein Element ist die Erde.

Der Wassermann: Die Herrscher sind Uranus und Saturn. Humanität und Visionen. Ein rebellischer, freiheitsliebender Impuls in uns. Das Element ist die Luft.

Der Fisch: Die Herrscher sind Neptun und Jupiter. Unsere mystische und poetische Natur. Ein zur Auflösung transzendierender Aspekt in uns. Das Element ist das Wasser.

All diese beschriebenen Facetten wirken in uns. Die energetische Gewichtung ist bei jedem Menschen unterschiedlich angelegt. Durch unser Geburtsbild, das wie ein energetischer Schnappschuss wirkt, wird dies deutlich.

Sind wir im Sonnenzeichen Zwilling geboren, dann sollte das Kommunizieren für uns kein Problem darstellen. Das geistige, informative Potential eines Merkur Geborenen ist hoch entwickelt. Die Sprache und der Ausdruck in unseren Denkprozessen ist im geistigen Luftelement gut angelegt. Auf diese Fähigkeiten wird er leicht zugreifen können.

Es sei denn, störende Faktoren verhindern oder hemmen diese angeborene Eigenschaft. Das kann natürlich in speziellen Fällen vorkommen. Grundsätzlich aber fühlt sich der typische Zwilling in einer Unterhaltung ganz in seinem Element.

Noch ausdrucksstärker kommt dies zum Vorschein, wenn der Aszendenten-Botschafter (Herrscher) ebenfalls der Planet Merkur ist. Das bedeutet Sonnenstand im Zwilling und der Aszendent im Zwilling oder in der Jungfrau.

Das kommt nicht selten vor. Die im vorangegangenen Abschnitt erwähnte Person, hat also einen guten, bewussten Zugang zu ihren betont angelegten Talenten. Sie beherrscht diese, denn sie sind in den bewussten Hirnarealen gut verankert.

Für die Aktivierung braucht sie kaum Bemühung. Möchte sich diese Person über das mitgegebene Potential hinaus entwickeln, wird sie Anstrengungen dafür brauchen. Da im geschilderten Fall das Luftelement prägnant vorhanden ist, sind die fehlenden Elemente Wasser, Erde und Feuer hier minderwertig vorhanden.

Natürlich spielen noch weitere Komponenten eine Rolle. Ich versuche es verständlich zu machen, ohne dass man ein großes Expertenwissen braucht. Jeder Mensch ist individuell in seiner Daseinsform, daher braucht es viele angesammelte Informationen, bis man ein übereinstimmendes Bild über sich bekommt. Das bezeichne ich als die eigene Gralssuche.

Im Laufe des Lebens stellt jeder Erdenbewohner irgendwann fest, welche Stärken und Schwächen er hat. Möchte er über sich hinauswachsen, bedeutet dies, die Arbeit an den eigenen Persönlichkeitsstrukturen anzugehen. Dazu müssen wir uns selbst erst einmal bewusst werden. Danach können die schlummernden Archetypen erweckt und integriert werden.

Je nachdem welche der Elemente fehlen, ist es notwendig, gut zu recherchieren. Wenn zum Beispiel eine meiner Schwächen im Erdelement zu finden ist, kann ich die typischen Erdkräfte manifestieren. Hierzu muss ich die archetypischen Zeichen Stier, Steinbock und Jungfrau gut studieren. Es reicht auch aus, sich auf eines zu konzentrieren.

Im erdigen Element geborene Mitmenschen haben normalerweise eine gute Bodenhaftung. Fehlt mir diese in meinem Leben, dann ist es ratsam, bei anstehenden Entscheidungen die Priorität auf Gedankengänge zu lenken, die Erdanhaftung symbolisieren. Hier kann ich vorher prüfen, ob meine geplanten Vorhaben bestimmte Kriterien erfüllen. Diese könnten sein: Sicherheit, Pflicht, Beständigkeit, Kontinuität, Nachhaltigkeit, Brauchbarkeit und Zuverlässigkeit. Nur um einige Begriffe zu nennen.

Selbstverständlich ist nicht alles planbar, denn einige unvorhersehbare Dinge geschehen nun mal. Es ist oft von Vorteil, wenn wir eine bestimmte Zeit mit unserer Idee „schwanger" gehen, damit sich die Rahmenbedingungen durch unsere innere Inspiration finden.

Wenn ich allerdings eher zu der besonders risikofreudigen Personengruppe zähle, dann brauche ich mich nicht wundern, wenn kaum etwas Bleibendes einen Platz in meinem Leben findet. Eine kalkulierte Risikobereitschaft dagegen stärkt unser Selbstbewusstsein. Es kommt gar nicht darauf an, alles im Leben zu hinterfragen.

Es geht eigentlich darum, die Matrix dahinter zu erkennen. Wenn ich zu meinem eigenen Beobachter werde, dann liegt die Macht des Erschaffens mehr in meiner Hand. Bevor wir unglücklich über unsere persönliche Situation resignieren, bringt eine Bewusstwerdung der dahinterliegenden Programme ein Umdenken. Hier kann ich zielgerichtet ansetzen. Um meine Wünsche und mein tiefstes Bestreben voranzutreiben, bedarf es Wissen und Disziplin.

Je mehr Aufmerksamkeit ich auf meine Schwächen lenke, desto bewusster kann ich in eine positive Veränderung gehen. In einem Augenblick offenbart sich für uns die Vielfältigkeit all unserer Möglichkeiten. Unsere gelebten oder übernommenen Glaubenssysteme sind ausschlaggebend für unser Weltbild.

Oft besitzen wir unbewusste Glaubenssätze, die wir in unserer Kindheit, aus dem Familiensystem übernommen haben. Dieses wirkt wie selbstverständlich im Hintergrund, als ein unsichtbares Band der Familientraditionen.

Unsere Eltern und Großeltern mussten oft hart arbeiten. Daher bestimmte eine ständige Kontrolle, und ein starkes Sicherheitsdenken ihr Leben. Die elementarsten Dinge, wie ausreichend zu Essen, oder Zeit für die Familie und Freunde zu haben, waren nicht selbstverständlich. Viele Entbehrungen gehörten zur Normalität.

Eine Langeweile kannte kaum jemand. Daher ist es natürlich nicht verwunderlich, dass viele unbewusst übernommenen Muster in Richtung der Perfektion und Leistung gehen. Diese tief verwurzelten Themen anzugehen, ist oft mit Mühe verbunden.

Heute sind die äußeren Umstände verändert. Wir sind zu einer Konsumgesellschaft geworden. Jeder Einzelne möchte seine Wünsche oft schnell befriedigt sehen. Ein Wir-Verständnis ist selten geworden. Trotz manch Überfluss stellt sich aber eine tiefe Zufriedenheit in uns nicht ein.

Unsere unbewussten Sabotageprogramme erkennen:

Haben wir uns eine Idee in den Kopf gesetzt, dann beginnt der Gedanke zu arbeiten. Bevor wir ein Konzept zur Umsetzung erarbeitet haben, kann es sein, dass eine innere kritische Stimme sich zu Wort meldet. Dieser Kritiker oder Richter kann unter Umständen zu einem vehementen Gegner heranwachsen. Diese Kontrollmechanismen des denkenden Verstandes versuchen, mit Widerstand und geistiger Verwirrung, die Macht zu übernehmen.

Besonders dann, wenn wir uns unserer Sache nicht so sicher sind. Unser Selbstwertgefühl wird auf die Probe gestellt. Ein guter Selbstwert, ein tiefes Selbstbewusstsein und ausreichend Selbstvertrauen sind wichtige Bausteine des Lebens. Fehlen diese Grundwerte, oder sind nur ansatzweise vorhanden, kann eine Kopflastigkeit uns schnell aus der Bahn werfen.

Stellt sich ständige Grübelei, und ein Zerdenken der Situation ein, könnte es sein, dass wir in den abgründigen Dschungel der negativen Programme fallen. Hier erwarten uns Gefühle wie die Minderwertigkeit. Diese lähmende

Gefühlsregung kann wie ein unsichtbares Monster an uns knabbern.

Es schleicht sich heran, und völlig unbemerkt nimmt es von uns Besitz ein. Lassen wir uns darauf ein, dann wächst es. Diese ungesunden Muster haben wir oft in der Kindheit bereits aufgenommen.

Ebenso unangenehm wird es, wenn weitere Störfaktoren versuchen, wie Geister auf uns einzuwirken. Hier finden wir das Urbild des ungenügend sein. Dieses Grundgefühl ist eine quälende und energieaussaugende Kreatur. Sie ist mächtig und hartnäckig. Wir glauben dann, wir sind nicht gut genug für einen neuen Job, eine erfüllende Beziehung oder für was auch immer.

Hier müssen wir besonders gut aufpassen, um unsere Kraft nicht zu verlieren. Wenn wir dieser tiefen Emotion Raum geben, kann unser Vorhaben schnell scheitern. Ein Wegdrücken durch Suchtmittel wird uns nicht helfen. Ein Verleugnen ebenso wenig. Ein radikales Annehmen der hochgekommenen Empfindung als Zweifel, Sorge, Mutlosigkeit, Unsicherheit oder der Ungewissheit ist oft besser.

Weitere destruktive Feinde finden wir in der Hilflosigkeit, der Bedürftigkeit und dem Schamgefühl. Durch ausreichend Sport, einer Meditation oder mentales Training können wir wieder einen klaren Kopf bekommen. Wenn jedes kleine Problem uns bremst, und erstarren lässt, ist eine therapeutische Hilfestellung unausweichlich.

Wie kann ich nun meine „Sonne" positiv verändern?

In unserem individuellen Geburtsbild stecken die Möglichkeiten, um zu dem zu werden, der wir sein wollen. Ein spiritueller Ansatz, ein kritisches Denken und das Beachten der geistigen übergeordneten Gesetzmäßigkeiten, können uns den Weg dorthin zeigen. So kann ein Umweg, der uns viel Energie kostet, verhindert werden. Natürlich bringt uns jeder gemachte Fehler auch eine Erfahrung aus erster Hand. Jeder weiß, wie tief sich jedes erlebte Missgeschick in unser Gedächtnis einbrennt.

Wenn sich unsere gemachten Fehlentscheidungen in einer Endlosschleife wiederholen, dann sollte ich schnellstens erwachen. In manchen Fällen hat unser Geist hier die Kontrolle übernommen, ohne dass unser innerer Beobachter es bemerkt hat.

Um das Niveau unserer Sonnenqualität anzuheben, bedarf es intelligenter Entscheidungen. Eine gesund gelebte Sonne, erkennen wir durch einen sehr authentischen Ausdruck, den wir im Leben hinterlassen. Wenn wir tief in uns hineinfühlen, können wir intuitiv erspüren, was uns erfüllt.

Dann gilt es die Message anzunehmen, und einen macht-vollen Weg anzustreben. Mit einer leidenschaftlichen Schaffenskraft, Schritt für Schritt, die ersten Etappenziele zu erreichen. Alles durch eine gut ausgerichtete persönliche Integrität. Seinem eigenen Wertesystem hierbei treu bleiben, und gegebenenfalls ein Loslassen von festgefahrenen, belastenden Glaubenssätzen oder Hindernissen.

Wenn unser Lebensgefühl steigt, erwacht in uns eine Kraft, die genutzt werden kann, um innere Schwächen aufzuarbeiten. Diese Form der Kontemplation dringt besonders tief in unser Erleben ein. Eine gute, gesunde Sonne traut sich Veränderungen zu. Mit einer gewachsenen Ich-Kraft (gestärkte Sonne) stelle ich mich auch mal in den Vordergrund. Machtvolle, selbst angeschobene Handlungen lassen erkennen, welches Energiepotential in uns steckt.

Sollte ich in Abhängigkeiten verstrickt sein, ist es von Vorteil, eine Unabhängigkeit anzustreben. Eine Möglichkeit wäre es, eine gewünschte Selbständigkeit zu verwirklichen.

Ich sollte darauf achten, mich wirklich wichtig zu nehmen. Meine Bedürfnisse zu erkennen, und zu erfüllen, damit eine adäquate Balance eintritt. Gute, gesunde Ernährung gehört genauso dazu wie Erholung und Entspannung. Körper, Seele und Geist sollten in einem harmonischen Einklang sein. Wenn wir hier eine Ebene vernachlässigen, kommt es zu einem Ungleichgewicht.

Der seelische Bereich möchte tief genährt werden. Wenn wir uns mit Oberflächlichkeit begnügen, macht sich schnell ein Mangel auf einer der anderen Ebenen bemerkbar. Unsere geistigen Fähigkeiten möchten geschult und über gute Inspirationen lebendig gehalten werden. Dazu kann ein gutes Buch zählen. Informationen, die den Horizont erweitern, sind dem Geist immer sehr willkommen. Geistige Schätze für unser Himmelreich sammeln, könnte man sagen.

Unser Körper braucht die Nahrung, die ihn für die Lebenszeit gesund erhält. Hier kann man sich nach den ayurvedischen Konstitutionstypen richten, oder durch Ausprobieren herausfinden, welche Lebensmittel gut vertragen werden. Der menschliche Leib ist das Vehikel, mit dem wir unsere Ziele erreichen, und ohne ihn wird es schwierig. Nur in einem gesunden Körper wohnt ein gesunder Geist.

Diese Aussage wird verständlich, wenn wir uns vergegenwärtigen, dass unser Nervensystem auf einen gesunden Stoffwechsel angewiesen ist. Die Vitalität jeder einzelnen Zelle spiegelt uns ein harmonisches Zellmilieu. Tatsächlich ist es wissenschaftlich erwiesen, dass eine speziell auf unseren Körper ausgerichtete, vollwertige Nahrung, die unsere Nervenzellen nährt, unverzichtbar ist. Ein Qualitätsmangel durch minderwertige Lebensmittel hingegen verursacht Trägheit im Zellaustausch. Ich sollte nicht an Gesundheit oder gesundheitsfördernden Maßnahmen sparen.

Ausreichende Bewegung hilft dem Körper, die notwendige Entgiftung anzuschieben. Dehnungsübungen oder Körperarbeit erhalten uns eine gute, gesunde, physiologische und muskuläre Spannung.

In der heutigen Zeit kann eine ausgewogene, wertvolle Ernährung schon mal zu einer echten Herausforderung werden. Erst recht, wenn Unverträglichkeiten und Allergien, oder andere gesundheitliche Einschränkungen mich zwingen, immer neue Informationen einzuholen.

Grundsätzlich sollte eine gute, basische Kost das Hauptgerüst bilden, denn unser Körpermilieu benötigt dies als Voraussetzung, um die Zellen adäquat ernähren und reparieren zu können. Um eine schnelle Körperkommunikation aufrecht zu erhalten, sind Körper und Geist auf einen ständig wechselnden Informationsausgleich angewiesen. Eine ausreichende Menge an gutem Wasser beschleunigt die Zellreparatur.

Welche Bedeutung hat das Wort Erfolg für Dich?

Keine Frage, niemand möchte am Ende seines Lebens als ein Versager dastehen. Wenn eine schwere Krankheit oder ein Unfall tiefe Spuren hinterlassen haben, dann kann uns das schon an den Rand der Möglichkeiten bringen. Doch auch hier gibt es viele starke Persönlichkeiten, die ihrem Einzelschicksal getrotzt haben.

Astrologisch betrachtet, könnte es sein, dass sie einen sehr guten Saturn im Geburtschart haben. Dieser steht jedenfalls für Durchhaltekraft. Er verleiht dem Horoskop-Eigner die Befähigung, und die Motivation, sich durchzubeißen. Erfolgreich zu sein bedeutet ja für jeden von uns etwas anderes. Die überwiegend rational denkende Mehrheit misst den Erfolg an ihrem Kontostand.

Aber bedeutet viel Geld gleichsam Erfolg? Ich bin einigen Reichen begegnet, die mit Depressionen oder chronischen Leiden zu kämpfen hatten. Selbst wenn dies nicht der Fall war, merkte ich bei einigen der besonders gut Gestellten, dass sich trotz allem eine Zufriedenheit bei Ihnen nicht einstellten konnte. Ich würde sie eher als die ewig Suchenden bezeichnen.

Das hängt mit dem Zustand der Bedürftigkeit zusammen. Wenn ich mich, ganz ehrlich und authentisch, annehmen kann, so wie ich bin, dann betrete ich den Raum der Selbstliebe. Dies hat natürlich ganz und gar nicht etwas mit Arroganz zu tun. Sich selbst lieben zu können ist der Anfang vom Glück.

Viele Menschen schlagen sich heutzutage mit Luxusproblemen herum. Sie haben einfach das Gefühl, immer etwas brauchen zu müssen. Ein Mehr, dass für eine kurze Zeit ihre Lebensfreude entfacht, die irgendwann dann doch wieder erlischt. Wenn ich durch teure Autos, einige Häuser oder andere Anschaffungen meinen schwachen Selbstwertanteil kompensiere, wird sich keine dauerhafte Glückseligkeit einstellen.

Die Wirkfelder unserer Persönlichkeit, registrieren genau, ob ich mich durch kostbare Gegenstände unnatürlich aufblase, oder ob mein Inneres aufgearbeitet ist. Im letzteren Fall hört die Kompensation auf. Meistens ziehen uns danach eher die einfachen Dinge im Leben an. Die Einfachheit hat eine sehr beglückende starke Kraft. Sie hält uns am Boden und gibt uns Erdung. Wenn der Kopf nicht mehr so viel will, dann kann sich das Herz für die Gegenwart öffnen.

Den Unterschied zwischen Beruf oder Berufung:

Wenn ich einem Beruf nachgehe, der meinen Kontostand füllt, aber dafür einen zu hohen Energieaufwand abverlangt, dann brauche ich mich über eine Erschöpfung nicht zu wundern. Es ist ausschlaggebend, mit wie viel Leidenschaft ich meine Aufgaben erledige. Immer dann, wenn wir für etwas wirklich brennen, verrinnt die Zeit. Dann stürzen wir uns euphorisch auf unsere Herzensprojekte.

Unser System Mensch hat täglich ein begrenztes Energiepotential zur Verfügung. Wenn ich einer Tätigkeit nachgehe, die mir mehr Kraft raubt, als vorhanden ist, rutscht unser Körperregulationssystem in den Minusbereich. Die Biochemie arbeitet dann verlangsamt bis stagnierend. Das kann sogar in den pathologischen Bereich führen.

Unsere Energieschwingung wirkt sich positiv auf uns aus, wenn wir unserer Berufung folgen. Spaß an der Arbeit fördert eine gesunde Zellatmung. Dort, wo unser Umfeld eine angenehme Atmosphäre ausstrahlt, und unsere Schaffensprozesse wohlwollend angenommen werden, fühlen wir uns gut.

Selbst wenn wir durch ein zu viel an unsere Leistungs-grenze kommen, dann fangen wir dies besser auf. Dort wo unsere Talente schlummern, scheinen die Kraftquellen nicht zu versiegen. Das hat sicherlich ein jeder von uns schon feststellen können. Die Hintergründe hierfür ver-mute ich in unseren ureigenen Planetenstellungen zu fin-den.

Wenn ich feststelle, dass mir ein bestimmtes Tätigkeits-feld gar nicht liegt, sind sehr wahrscheinlich meine Anlagen auf andere Bereiche ausgelegt. So trägt jeder Erdenbewoh-ner, durch die Individualität seines Geburtcharts, wert-volle Eigenschaften, die es zu entdecken gilt. Wie jeder Fin-gerabdruck einzigartig ist, so sind unsere Neigungen und Begabungen in dem Moment unserer Geburt festgehalten.

Dieses zu ergründen, wird zu einer Bereicherung unse-rer Lebensqualität beitragen. In einem sinnerfüllten Dasein wirft uns so schnell nichts mehr aus der Bahn. Der Schlüssel unserer Herzfrequenz eröffnet uns Türen hinter denen un-glaubliche Möglichkeiten warten.

Der Glaube versetzt Berge heißt es. Wenn wir also fest an uns glauben, und im richtigen Moment handeln, können wir über uns hinauswachsen. Dabei wird es nicht immer nur aufwärts gehen. Das Leben an sich verläuft in einer spi-ralförmigen Zeitqualität. Herausforderungen, die nicht in einer besonderen Tiefe aufgenommen wurden, wiederho-len sich in einer ähnlichen Lernlektion.

Wenn das Thema verstanden wurde, wachsen wir innerlich. Durch Selbstreflexion durchschauen wir allmählich näherkommende Erfahrungen. Unsere Seele braucht diese, am eigenen Leib erfahrenen, Ereignisse, um eine adäquate Reife zu erlangen. Nur im direkten Erfahren dringt der Kern der Aussage tief genug in uns ein. Nur so werden wir auf diesem Gebiet zu einem Genie, einer Koryphäe, oder einem Wissenden.

Wir sind sehr viel mehr als wir glauben:

In unserer reinen Essenz sind wir geistige Wesen. Wir haben uns einmal dazu entschlossen, im Menschsein, Erfahrungen zu machen. Wenn wir uns weitestgehend bereitwillig den Reifeprozessen der Wandlung stellen, werden sich Befürchtungen eher von der milden Seite zeigen, oder gar ganz ausbleiben. Wir haben keine Wahl. Unsere innere Frucht möchte reifen.

Wenn wir durch Selbsterkenntnis unsere ablaufenden Muster oder Programme erkennen, können wir auftretende Gegebenheiten durchschauen, um Gefahr für uns abzuwenden. Schwierige Situationen für Leib und Seele können auch durch Irrwege oder geistiger Verwirrung zu uns kommen. Unser innerer Beobachter erkennt dies oft nicht. Wie in einem Strudel einer Abwärtsspirale verstricken wir uns immer tiefer in destruktive Prozesse.

Gute Denkanstöße müssen von der inneren Weisheitsquelle initiiert werden. Das Problem liegt im Unbewussten. Wir verlieren den Kontakt zu uns, und suchen händeringend nach Informationen und Hilfe im Außen.

Hierzu finden wir in der Astrologie, Numerologie, und im Tarot gute Hinweise. Gebete, Edelsteine, Mantras und Yantras sind geeignete Hilfsmittel, um das eigene Licht wieder zu finden, und es sogar noch heller leuchten zu lassen.

Der Emotionskörper, als Teil unseres Systems, braucht Heilung:

Unser Emotionskörper, der auch unser Schmerzkörper ist, möchte heil werden. Daher ist es so wichtig, dass wir unser Innenleben transformieren. Wir können unsere schwachen Anteile oder auch Schattenseiten liebevoll umarmen und integrieren. In uns agiert ein inneres Team. Diese Stimmen möchten alle gehört werden. Dominante und schwache Persönlichkeitsanteile wechseln sich je nach kosmisch vorgegebener Stimmung ab. Es kann ein tobender Gedankensturm entstehen.

Nur wenn wir mit uns selbst fest verwurzelt sind, bleiben wir trotz allem stabil. In unserem Schmerzkörper sind all die aufgenommenen Erlebnisse des Lebens gespeichert.

Sind all diese Geschehnisse und traumatischen Momente negativer Natur, ist der emotionale Behälter bis zum Rand gefüllt. Auf der menschlichen Ebene betrachtet, kann dies nur in Krankheit und Leidenszustände führen.

Werden die äußeren Umstände stressig, kann eine lange aufgestaute Wut hochkommen. Im Umgang mit unseren Mitmenschen reicht hier schon ein falsches Wort. Angst und Wut zählen zu den stärksten Gefühlen oder Energien. Hier sollte ich ansetzen und gegebenenfalls Hilfe annehmen. In der gesunden Mitte zu bleiben bedeutet, sich all dessen bewusst zu werden.

Eventuell muss ich mein gelebtes Tempo herunterfahren. In heiklen Wortgefechten kann ein sich zurücknehmen können supergute Resultate zeigen. Dieser Rückzug hat nichts mit Schwäche zu tun. Es ist eine Reife.

Es gibt in unserem Körpersystem sogenannte Chakren. Diese Energiezentren erfüllen wichtige Aufgaben. Das Halschakra ist für die Artikulation unserer Worte wichtig. Bewusst gewählte Worte, die mein Gegenüber versöhnen und erhöhen, tragen dazu bei, innerlich zu heilen.

Es hilft, bei sich selbst anzukommen, um zu wachsen. In dieser Einfachheit liegt eine unermessliche, gigantische Kraft. Natürlich können wir uns vor Wortgefechten nicht verstecken, aber der abgeschossene Pfeil bleibt nicht stecken.

Wenn wir diese wichtige Arbeit getan haben, werden äußere Angriffe in Wort oder Tat uns nicht mehr so stark triggern. Gute, kritische Entscheidungen, und eine darauffolgende Handlung, die einen spirituellen Ansatz, so wie ein kollektives Interesse vereinen, bringen uns, und unsere Mitmenschen, voran.

Die wahre Spiritualität eingebunden in unsere guten Absichten:

Wenn ein jeder von uns erkennt, dass sein Wirken auf materieller, sowie auf spiritueller Ebene verantwortungsbewusst geschehen sollte, können wir zusammen eine bessere Zukunft erbauen.

Ich möchte hier gerne einmal das nebulöse Wort der Spiritualität erklären. So, wie ich es in meiner langen therapeutischen Tätigkeit beobachten konnte, glauben viele Menschen, dass ihr Spirit geschult werden muss. Ich sehe das als einen Irrtum. Die Macht liegt ausschließlich bei uns. So wie wir die Welt sehen, wirkt sie in uns.

Selbstverständlich kann man seine Sinne schulen, um fühlender oder sehender zu werden. Man sollte sich allerdings vor einer kommerziellen Hirnwäsche in Acht nehmen. Wenn es heißt, du brauchst noch dieses und jenes, um in Richtung Erleuchtung zu kommen, ist Vorsicht geboten.

Wenn ich klein gehalten werde, damit mein Geld weiter fließt, sollte ich die Maßnahmen hinterfragen. Ein normaler Erdenbewohner mit dem Herz am rechten Fleck, und mit einer wohlwollenden Gesinnung für Mensch und Tier, ist spirituell. Die Bewusstheitszustände können unterschiedlich sein.

Meiner Meinung nach reicht eine gute Absicht aus, um geistreiche Transformation auf anderen Ebenen zu bewirken. Sollte ich einmal in eine ganz düstere Stunde kommen, dann hat die höhere Intelligenz mich nicht einfach vergessen. Schwere Prüfungen bringen uns voran, um den anstehenden Reifegrad zu erreichen.

In entspannten Zeiten fällt das Lernpotential geringer aus. Diese Ruhephasen sind notwendig, um uns zu schonen. Unsere Ressourcen sind nicht unerschöpflich. Wir können darauf vertrauen, dass wir nie wirklich getrennt sind von unserem göttlichen Kern. Diese Quelle in uns speist uns und ist auf Weiterentwicklung ausgerichtet.

Die magische Kraft der gesprochenen Worte:

Worte beinhalten einen großen Teil unserer Absicht. Damit meine ich das, was wir wirklich aus vollem Herzen umsetzen wollen. Die Magie, die mit einem Wort transportiert wird, kann sich für uns positiv oder negativ auswirken. Aus alten vedischen Schriften geht hervor, dass die heutige Sprache aus dem Sanskrit gebildet wurde. Diese urtümliche Sprache förderte den sprachlichen Ausdruck. Dieser war eindeutiger und somit verständlicher.

Sehr viele der heute verwendeten Worte führen uns oft in eine mehrdeutige Richtung. So, dass man bei so manch gemachter Äußerung nicht mehr sicher sein kann, wie das Gesagte interpretiert werden soll. Jeder weiß, dass heutzutage Missverständnisse im Sprachgebrauch sehr leicht passieren können.

Oft ist nicht genügend Zeit, das Verstandene nochmal zu hinterfragen. In einem direkten persönlichen Austausch verrät mir die Mimik des Gesichtsausdruckes zusätzlich, ob das Gespräch einen guten Verlauf nimmt.

Ansonsten bin ich darauf angewiesen, die Schwankungen eines Gesprächsverlaufes in der Stimme, zu erkennen. Dazu gehört ein sehr gutes empathisches Empfinden der Atmosphäre.

Wenn wir uns das Wort „Sprache" einmal etwas genauer betrachten, fällt auf, dass in diesem noch ein weiteres zu finden ist. Das Wort Rache ist gut zu erkennen. Ob das nun ein Zufall ist oder nicht, überlasse ich dem Leser. Wer mag, kann hier selbst weiter forschen. Auf jeden Fall sind gesprochene Wörter wunderbare, kleine Zaubermittel. Mit ihnen kann ich ein Lächeln in ein anderes Gesicht zaubern, oder aber meinen Gesprächspartner verärgern.

Wir können freudige Emotionen entfachen, aber auch die Stimmung in Windeseile kippen lassen. Liebevoll gewählte Sätze können unsere Gefühle wie im Sturm erobern. Durch eine respektvolle Anteilnahme und ein gutes Gespür kann eine tief empfundene Traurigkeit in ein Gefühl des Annehmens wechseln. Wir benutzen unsere Sprache täglich, aber sind wir uns unserer ausgesprochenen Wortwahl immer ganz bewusst? Ich denke nicht.

Wir werden mit einer ständigen Informationsflut überschwemmt. Besinnen wir uns wieder auf „das Wichtige". Sprechen wir ganz bewusst unsere Worte, und sagen etwas, das einen tiefen Wert trägt.

In Entscheidungsangelegenheiten, die für uns wegführend sein könnten, sind Wortinhalte bedeutungsvoll. Die dahinterstehende Kraft des ausgesprochenen Wortes, verbunden mit einer klaren Herzensabsicht, kann uns zu einer erfolgreichen und zufriedenen Zukunft führen.

Werden wir wie ein Anpassungskünstler, der mit den vorhandenen Schöpfungselementen Feuer, Wasser, Erde und Luft jongliert. Unsere angestrebten Projekte werden saftige Früchte tragen, da unser Lebensfunken brennt und wir angetrieben werden. Die Attribute einer allumfassenden Ausrichtung in Mitgefühl und Liebe für alle Lebewesen werden uns im Menschsein erheben.

„Es muss von Herzen kommen, was auf Herzen wirken

soll".

Zitat von Johann Wolfgang von Goethe

Der Mensch als ein Ausdruck göttlicher Manifestation:

Wir alle gehen einem ungewissen Zeitalter entgegen. Vielleicht orientiert sich die Menschheit mehr in Richtung künstlicher Intelligenz. Ich bin der Meinung, dass eine Maschine den Menschen nicht ersetzen kann. Wohl aber ergänzen. Außerdem vertrete ich die Annahme, dass eine intuitive Intelligenz, die in der Form einer plötzlichen Idee entspringt, durch nichts zu ersetzen ist.

Die so entscheidend wichtige emotionale Intelligenz, die uns als „Spezies Mensch" ausmacht, und im mitmenschlichen Kontakt unverzichtbar ist, muss geschützt und erhalten bleiben. Unsere Verstandeskraft wurde fälschlicherweise oft überbewertet. Dies führt global zu einer immer größer werdenden Unzufriedenheit und Unlust. Leise Stimmen der Enttäuschung und der Frustration werden lauter.

Unser Herz spricht eine heilige Sprache, die wir anscheinend oft nicht hören wollen oder können. Öffnen wir gemeinsam wieder unsere Ohren, damit wir in unsere Herzensangelegenheiten hineinlauschen können.

Möge ein notwendiges Umdenken jeden Einzelnen dazu bewegen, wieder in ein harmonisches Miteinander und ein demütigeres Verhalten zur Umwelt zu gelangen. Die Natur, mit ihrer einmaligen Schönheit, ist unersetzlich. Sie kann uns inspirieren und als Vorlage dienen. Es ist an der Zeit, neue Wege für natürliche Prozesse zu gehen.

Verantwortungsvolle, kritische Entscheidungen können uns in eine gewinnbringende Zeitqualität manövrieren. Unsere Generation ist wichtig für das zukünftige, geistige Gedankengut der Erde. Es wird höchste Zeit, aus einer schleichenden Massenhypnose zu erwachen. Das göttliche Prinzip der Ordnung wird unsere menschliche Existenz unterstützen, so dass förderliche Wege gefunden und gegangen werden können.

Es braucht viel Kraft, um die Klarheit hinter all den Dingen zu verstehen. Viele Faktoren wie Krankheit, Verbitterung und die Unwissenheit tragen dazu bei, dass wir im Funktionsmodus stecken bleiben.

Zitat von Thomas von Aquin:

„Habe dein Schicksal lieb, denn es ist der Gang Gottes

durch deine Seele"

Ich kann von mir persönlich sagen, dass ich nicht mit meinem Leben hadere. Ich durfte Freude empfinden sowie auch leidvolle Erfahrungen machen. Das sehe ich durch die Brille der Weisheit. Besonders anhaftende Themen können erst gelöst werden, wenn das Verarbeiten der Gegebenheit tief in unser Inneres eingedrungen ist.

Über Selbst- und Eigenreflexion komme ich an die Kernaussagen meiner Aufgaben. Nur aus einer Adlerperspektive kann ich die Gesamtheit aller Notwendigkeiten begreifen. Unsere kostbare Lebenszeit sollten wir mit Selbstbestimmtheit und Leidenschaft füllen.

Ein über alles stehender Freiheitsfunke begleitet uns, und unsere tiefsten Wünsche, um diesen Planeten zu einem Glücksplaneten umzuwandeln. Ein friedliches Miteinander, und der gegenseitige Respekt zu allem was ist, wartet auf unsere Bereitschaft. Die natürlichen Ressourcen unserer Erde sollten achtsam beschützt und behütet werden.

Unsere Lebenszeit ist begrenzt, doch wir haben die Möglichkeit, das Bestmögliche hieraus zu manifestieren. Die Wirkfelder unseres Systems, die auch unser Gewissen repräsentieren, lassen sich nicht austricksen. Die Wahrheit steht von allein.

Wessen Herz noch lebendig zu empfinden vermag, der ahnt, dass Heilung, das Heilwerden, und das Heilsein mit einer fundamentalen Ordnung des inneren Menschen zu tun haben. An den besonders dunklen Tagen, wenn alles verloren scheint, ist die transformierende Kraft unendlich stark.

Jeder von uns ist wichtig. DU bist wichtig. Nur gemeinsam können wir das Morgen, die Zukunft, verändern.

Die Trennung von der liebenden Kraftquelle Gottes ist nur scheinbar. Wir alle sind Kinder dieser überwältigenden Lebensquelle der Liebe. Sie wirkt in uns. Daher sind wir niemals getrennt von ihr.

Nie getrennt von Gott.

Die Autorin ist Mutter zweier Söhne. Ihre therapeutische Tätigkeit und das Studieren alter Weisheitslehren brachten sie zu mehr Selbsterkenntnis.

Die ganzheitliche Sichtweise der natürlichen, kosmischen Gegebenheiten trug dazu bei, die höhere Ordnung in allem zu erkennen. Die Astrologie, die Numerologie, das Tarot und systemische Familienaufstellungen ergänzen bis heute ihr Wissen.

Ein weiteres Buch der Autorin

ISBN: 978-3-7543-3784-4